每天的生活，都是靈魂的精心創造

You create your own reality.

每天的生活，都是靈魂的精心創造

You create your own reality.

You create your own reality.

每 天 的 生 活 ， 都 是 靈 魂 的 精 心 創 造

許醫師作品21

歸零，重新開始

口述——許添盛
執筆——錡胡睿
總編輯——李佳穎
責任編輯——管心
校對——謝惠鈴
美術設計——唐壽南
發行人——許添盛
出版發行——賽斯文化事業有限公司
地址——新北市新店區中央七街26號4樓
電話——22196629
傳眞——22193778
郵撥——50044421
版權部——陳秋萍
數位出版部——李志峯
行銷業務部——李家瑩
網路行銷部——高心怡
法律顧問——北辰著作權事務所
印刷——鴻柏印刷事業股份有限公司
總經銷——吳氏圖書股份有限公司
地址——新北市中和區中正路788-1號5樓
電話——32340036　傳眞——32340037
2013年1月1日 初版一刷
2020年7月1日 初版七刷
售價新台幣300元（缺頁或破損的書，請寄回更換）

ISBN 978-986-6436-40-6
賽斯文化網站 http://www.sethtaiwan.com

Ground Zero

A Starting Point for A New Life

歸零，重新開始

許添盛醫師◎口述

錡胡睿◎執筆

關於賽斯文化

發行人 許添盛醫師

我是個腳踏實地的理想主義者。賽斯文化，是為了推廣賽斯心法及身心靈健康理念而成立的文化事業，希望透過理性與感性層面，召喚出人類心靈的「愛、智慧、內在感官及創造力」，讓每位接觸我們的讀者，具體感受「每天的生活，都是靈魂的精心創造」(You create your own reality)。我們計畫出版符合新時代賽斯精神之書籍、有聲書、影音商品及生活用品，並提攜新進的身心靈作家，致力於賽斯思想及身心靈健康觀念的推廣，期待與大家攜手共創身心靈健康新文明。

目錄

歸零，重新開始

Ground Zero: A Starting Point for A New Life

〈自序〉我是一個非常好的人

許添盛

生活在現代社會的人們眞是愈來愈不容易啊！各種內外的壓力愈來愈大，以致一不注意，身心立即失去平衡。尤其是各式各類的情緒困擾，常常在不知不覺的情況下累積，這就是我寫這本書的原因，希望在人們眞的情緒、身心出問題之前，能夠自我覺察、自我幫助，而非眞的出問題了，才驚覺到事態的嚴重。

由於擔心許多人不自覺的落入負向思考，憂心許多人不自知的掉入很多的悲觀、負面、憂鬱、沮喪的情緒，在這本書當中，我加入了許多正向、光明、積極的信念及情緒，眞的希望幫助絕望的人看到希望、憂鬱的人看到有利的方向、悲觀的人重建自己的信心；不信任人或世界的人，願意再次的選擇相信。

各位，請和我一起做賽斯心法的這個練習。安靜的坐著或躺著，慢慢調整自己的呼吸，讓心情平靜下來，逐漸的放鬆、放鬆、再放鬆。在內心告訴自己：「我是一個非常好的人！」然後傾聽內心所有相反及矛盾的不同聲音，逐漸一一的面對，直到所有相反的聲音漸漸平息下來，再次的告訴自己：「我眞的是一個非常好的人！」

現在，再做另一個練習。同樣的，安靜的坐著或躺著，盡量的放慢呼吸及放鬆自己，在內心告訴自己：「我是一個非常好的人！」再來：「生命即表達，表達是好的、表達是對的、表達是安全的，身爲宇宙的一部分，在表達的同時，我也完成了宇宙的能量展現！」

最後要感謝錡胡睿先生爲本書執筆的用心。再次的，希望所有讀者能隨著本書的進度，安頓自己的身心，達到心靈眞正的淡定。祝福大家！

當你關起門來，覺得自己什麼都比不上別人，那是每個人都要去面對的功課——自我接納。我自己也常常面對這樣的功課，甚至可以直接講出口，而且是幽默地自我解嘲，不但沒有人覺得我很糟糕，反而還會給我溫暖和鼓勵呢！所以當我們面對自己的時候，要相信：「我是安全的，我是沒問題的！」反覆試煉下，自卑就不再成為生命中的阻礙了。

Chapter 01

面對自卑

自卑之心，人皆有之

談到「自卑」這個主題，實在是一言難盡。每個人從小到大，在各個層面上，都可能有覺得自卑的時候。首先，許多人因父母的職業、家中的經濟狀況而感到自卑；很多身心靈的疾病都與此相關，像不少肝癌、肺癌患者，小時候家裡都非常的窮困。

我記得以前的一位個案：他考上成功高中以後，沒有地方住，他就等同學都回家以後住在教室裡面；沒有錢買食物，他就喝自來水充飢！當然他也不能每天只喝自來水，只好休學去打工，累積一點錢再回來繼續學業。所以在很多人的心目中，其實都曾經因爲幼年家中經濟狀況不佳而留下陰影——特別是如果連學費都要父母去求人周轉，更會對心靈造成很大的傷害。

其次就是在青少年時期，很多人會開始對自己的外表感到自卑：我自己在高中一年級的時候就很自卑，因爲我滿臉都是青春痘，會不由得拿自己和沒有長青春痘的同學

比，順便把同學的家世、經濟狀況也拿來比。這是因爲人開始長青春痘時，剛好是在最愛美的時候，眞會氣到想要挖掉自己的臉。

所以說，每個人在一生中都會有他覺得自卑的地方。大家知道，我是精神科醫師，專門探討人的內心世界，我幾乎可以確定地說：沒有人心中沒有自卑這個因素，這並不是好壞對錯的問題。造物主的智慧就在於，每個人都有他令人羨慕的地方。例如某人長得不好看，但她丈夫對她很好，或是她身體健康得令人欣羡；但你和她深談之後，可能會意外發現她也很羨慕你。

羨慕總是有來有往

以前我老是覺得自卑，因爲父母的學歷不高，又是從鄉下搬到都市的鄉巴佬，在都市裡也只是當工人和工廠女工。我們這種孩子怎麼和教授的兒女比呢？有一次我到同學家作客，他爸爸是台大教授、媽媽是師大教授。我一聽就覺得人家的家世背景很顯赫，我們這種藍領階級根本不能與之相比。他們家就像從「公民與道德」課本裡出來的一樣，是那種客廳架上擺滿書的書香世家，又是這麼有學問的教授之家，讓我覺得很羨慕。他爸爸留我下來吃飯，聊天的時候問我有什麼興趣？我說我喜歡看布袋戲，他就送我兩張國家音樂廳的門票，那跟我平常在電視上看的金光史豔文，完全是不同等級！

可是我和那個同學聊過之後，才發現他好羨慕我！他說他在家裡沒什麼自由，所以很羨慕我的個性，和我自由活潑的表達方式。我看人家，就像課本裡面那種令人羨慕的標準家庭：有禮貌、有家教、有背景、有社會名流的地位。沒想到他這輩子最羨慕的，就是我這種家庭的孩子：自由自在，父母親不太管我，可是全然地支持我、愛我；他們不一定清楚我人在哪裡，也不知道我在想什麼，可是我們之間不會有思想的衝突。

我是家裡的老么，可是我們家的第一本書是我買的。在我長大之前，家裡沒有三國演義、鏡花緣、紅樓夢、西遊記……所有這些古典文學都是我一本一本買來的。我的哥哥、姊姊從來不看這些東西，是從我開始才努力建立起自己的書香環境。所以我很羨慕

那位同學，可是到最後，原來他也很羨慕我。

從小沒有人拿我跟誰做比較，好像我隨隨便便都算表現得很好。可是以前我其實是滿自卑的，我最怕的就是爸爸、媽媽送東西到學校來，因為水泥工要穿長筒雨鞋，老師看到就會發現他是建築工人。可是上了大學以後，我自己就穿那種雨鞋去上學了。當你慢慢長大之後，就會覺得內在好像有什麼超越了所有自卑。

每個人都會自卑。不管外表、身材再怎麼好，你永遠找得到讓自己自卑的地方。所以我常說：我們一定要勇於面對、承認、接受自己的自卑。如果你沒有面對自己的自卑，它會成為你一生中最深的陰影；你一輩子不去面對，它就一輩子跟著你。

每個人在生命中，多多少少一定有自卑的地方：一段過往的經驗、一個求學的經驗、一件過去讓你很不舒服的事、一段發生在親人身上的不愉快等等。或許你曾經走上歧途、你的家人曾經入獄，或是有什麼其他難以啓齒的事情，但我要確切地說：**在生命的領域當中，幾乎沒有一個人沒有他覺得自卑的地方！**同時，在生命的領域當中，每個人也都有讓人羨慕的地方。如果你沒有去覺察，可能一輩子都不知道，原來你的某些特點讓人家多麼羨慕。如果你從來沒有找到自己身上這麼棒的特點，請記得把它找出來。

獨步宇宙的優勢

要找特點其實很簡單！第一、你可以自己找，就算是硬拗的也沒關係！第二、問問你的好朋友，得到的答案會讓你非常訝異。只需要這樣問他：「你認識我這麼久，覺得我身上有沒有什麼東西是讓你羨慕或嫉妒的？老實講沒關係！」你也可以先告訴他，他有什麼地方讓你羨慕或是嫉妒。

有一對姊妹，妹妹一直覺得姊姊既漂亮又有成就，她非常羨慕姊姊，一輩子都因爲姊姊而覺得自卑；可是姊姊也很羨慕妹妹，因爲妹妹和藹親切、很可愛，臉上總掛著笑容，人際關係很好，所以姊姊覺得成績和長相都沒有用，她只羨慕妹妹能輕易和人互動，大家都喜歡妹妹，這一點讓姊姊從小就非常的自卑。結果兩個人都覺得對方比較

好，讓自己感到自卑，可是她們其實都那麼棒，連對方那麼羨慕自己的特點都不知道。

我們對兄弟姊妹也好、對親人也好、對朋友也好，都要去問這個問題。否則你可能一生都看不到自己的特色在哪裡，於是你也一直都不知道，你在他人眼中看起來那麼棒的優點在哪裡。我常常看到長相十分平凡的人，就是有個眞的很愛她的丈夫；也有人長得其貌不揚，家裡就是那麼有錢！我們也應該像這樣，找出自己獨有的特點。

我一直覺得造物主是最偉大的經濟學家，祂讓每個人都有獨步宇宙的某個特色。全世界將近七十億人中，你一定有某個點領先別人，否則你不會存在；**每個人身上必定都有某個優點讓全世界的人都追不上，否則那個人不會存在。造物主一定有祂的考量與智慧在其中**。所以我們每個人該做的第一件事，就是一定要找到自身內在的潛能，找到爲什麼宇宙中「非得要有我不可」！就像我常講的：「一個都不能少！」我們一定要相信：「宇宙裡每個份子都不能少，其中一個就是我，我身上一定有全人類加起來都無法取代的價值，否則我就不需要存在了！」

沒有人能被取代

我們在生命中常常怕被別人取代，包括職場上的工作和技術；又好比做太太的會燒飯洗衣，卻擔心外面那個狐狸精可能做得更好，怕自己的角色被取代了。可是我要告訴每個人：你一定要百分之百的確定加肯定，你有不可被取代的價值，沒有任何人、任何事可以取代你，否則你就不會存在。**你就是你！請對這一點百分之百的確定！**可能有別人能做你的工作，甚至做得比你更好，但絕不是因爲你這個人可以被取代。你就是你，是一個全宇宙都無人能取代的角色。也許有人取代你，成爲你太太的新先生；有人取代你，成爲你先生的新太太。那只是這個角色被取代，不是你這個人被取代了。每個人都應該在意念和核心信念上，再次確定自己在宇宙中的地位與角色。先確定了這點，你的人生就不會有所迷失；先確定了這點，安全感就會開始由你的內在衍生出來。

很多人一生都害怕被取代，所以不斷地去討愛，不斷地藉由好表現、他人的滿意與

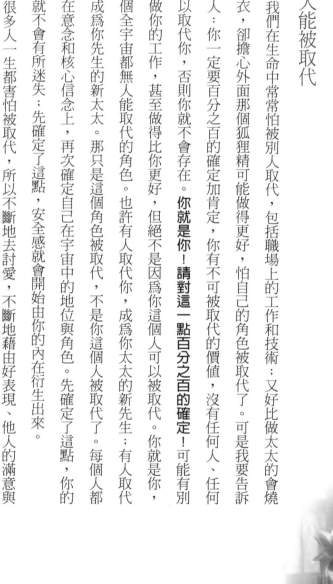

肯定，來感覺自己是被需要的。就像在工作中，有人一輩子都在害怕自己的職位被取代，甚至自己的行業被取代。讓我們趕快來面對這個恐懼，沒有人是可以被取代的，你一定要確定這一點。一旦你肯定了自己在宇宙中的地位，也就肯定了自己在父母親眼中的地位、在親密關係中的地位、在孩子心目中的地位以及在朋友當中的地位。

我們一定要再三肯定這件事：「我是不可被取代的！」否則你會一生都活在恐懼不安之中，時時刻刻兢兢業業，怕什麼時候自己不再進步、表現變差，落得被換掉、被生命浪潮淘盡的下場。

許多人覺得人生就是得不斷地衝刺，落後的就會被命運淘汰。命運隨時在等著汰換那些弱者：病人、老人跟失敗者。結果當你到了某個年齡，就不免覺得自己快沒有用了。有一部叫《兵人》（Soldier, 1998）的洋片，主角是個優秀軍人，可是軍方要用新一代優秀的新兵來取代這些老兵，結果新兵和老兵戰鬥，老兵死傷慘重被淘汰了。在嚴酷的大自然中，我們也看到比較弱的、比較老的、生病了的生物不斷被淘汰。於是在這個競爭激烈的社會中，每個人都擔心自己像這樣被逐漸取代；而且還擔心自己的孩子被淘汰，甚至連進入主流的機會都沒有。當你有這樣的擔心，其實已經是否定了自己最深的價值，沒有建立起對自身存在的安全感。因爲你的信念是「人可以隨時被取代」，信念創造實相，於是這種事就在我們的人生中不斷上演。

當你在這種心境當中，人生當然不好過了，因爲你永遠在等著自己被取代的那天，就是所謂的玩笑話「長江後浪推前浪，前浪死在沙灘上」嘛！你恐懼自己會被取代，因爲那代表你不再受到恩寵、失去關愛的眼神了。很多人生病或是有異常行爲、狀況，都是希望喚起注意（attention calling），再次得到關愛的目光。在他們的整個生命裡面，並沒有眞的建立起跟宇宙間，那種不可取代的關連性。所以我希望每位讀者，不管原先是怎麼想的，都能明確地認識自己的獨特性！我們要打從內心確信這點：在宇宙的愛和精打細算當中，你的存在本身就暗含了「你是不可被取代的！」

找到自卑的根源

很多人不敢面對自己的自卑，甚至一生都不敢讓人知道。但其實每個人都該深深地探討，到底自己成長的歷程中，有哪裡造就了自卑感？尤其是我輔導過不少躁鬱症病人，發現他們內心大多隱藏著巨大的自卑感。當一般人因爲自己太胖而感到自卑的時候，我有個病人卻是覺得自己太瘦而自卑，即使他的身材其實滿標準的！

如果我們從來沒有眞實地去面對自己內在那個自卑的經驗，它就會一直藏在心裡，然後一直作用下去，到你八十歲、九十歲都還在。可是當我們去面對的時候，會發現自己感到自卑的東西，對其他人而言是沒什麼好大驚小怪的。讓自己覺得自卑的那個東西其實不是眞實的存在，只是剛好我們對它特別在意，而又沒有很深的去面對它。只要和別人交流一下，就會覺察到：「爲什麼我會對那一點感到自卑，而其他人卻不覺得有什麼問題；其他人感覺自卑的地方，我也覺得那沒什麼好自卑的。」所以每個人感到自卑的點，其實還是跟自己內在的心念有關。

每個人的自卑都在他這一生當中，扮演一個非常重要的角色，那個角色可能會困擾你十幾年。在我輔導的個案裡面，有些人小時候遭到性侵害，也許因此自卑了二、三十年；其實大概有三分之二以上的女性，都有被性騷擾的經驗。很多人只是關起門來，自己一直想；一旦發現很多人都有類似的經驗，有時候反而會豁然開朗，因爲不是只有自己曾經有過這樣的遭遇。所謂的自卑，是你覺得別人一定會在意這一點，可是當你試著說出來，別人常會哈哈大笑，覺得沒什麼大不了的。

沒什麼大不了

我最近聽一位整形外科醫生說，有越來越多男人去美容。主要的項目有兩種：

第一種是打玻尿酸之類的。就像女人隆乳一樣，男人也想弄出胸肌。原來很多男人因爲沒有胸肌而感到自卑呢！他們覺得自己胸部很平、不夠Man，就去打小針美容讓自

己有胸肌。

第二種是植毛，因爲男人覺得自己腿毛不夠多。小時候我們是因爲多毛而覺得自卑，但眞的有些人就是覺得有毛茸茸的大腿比較像男人。

我的意思是，當你去面對自卑的那一點時，有時候反而會覺得很好笑！不妨試著用一種自我解嘲的方式，好像開玩笑一樣把它說出來，然後瞄一下周遭人的反應——人家根本覺得沒什麼！當你越能夠像這樣，把在意的事說出來，就表示你眞的開始去面對它了。

我有位個案，最近因精神狀況來看我的門診。他一直想到二十幾年前有過類似的發作，結果被關進精神病院一段時間。二、三十年前的精神病院，眞的是用「關」的啊！當時他的精神疾病發作，一直要往外衝，家人攔不住他，又擔心他發生危險，就直接送精神病院住了一個月。從此他對這件事情相當在意，而且一直很怕再被抓進去。

我告訴他：「現在的精神病院已經很進步了，而且你想被關，人家還不太想關你，因爲管理制度都很嚴格。以前是送過去就關起來，現在送過去要先評估，沒有自傷、傷人的話，不能強制你住，我有好幾位個案，因爲本人沒有意願住院，最後都無法住院呢！所以就算你被送去了，還很難被關起來呢！」這是我別出心裁的安慰法，結果他就比較放心了。

很多你一直在意的東西，當你眞的去面對時就消散掉了；如果你一直想，它就越變越大。人的想像力很可怕，你會把一個東西憑空想像得好像全宇宙都知道，而且全宇宙都在笑你。這樣的想像力太豐富了！我有一些個案，常常覺得有人在嘲笑他。事實上，哪有那麼多人這麼無聊，每天等著要嘲笑他呢？每個人都很忙，可沒有那麼多閒工夫啦！

每個人都要去面對自己在某個生命狀態中的某件事。也許你對經濟、學歷、外表、職業……等非常在意，在心靈層面，你沒有通過那一點，就永遠卡在那裡過不去，那件事情會一直造成內心的自卑與傷痛。但是當你願意眞的去面對它，就表示時間到了，你

會發現其實沒有那麼難！我一直認爲這個世界上很多事情，講誇張一點就是「龜笑鱉無尾」，五十步笑百步，沒有人眞是所謂完美的！也沒有人必須得是完美的！

●面對自卑是必修課

曾有學員問我：「如果眞的有上帝，爲什麼世界會這樣子？爲什麼父母會這樣對小孩？爲什麼會有戰爭？」

我說：「每個地球人都是來學習的。既然我們還在學習，就沒有誰眞的是十全十美；既然我們還在學習，就免不了會犯錯。我們自己會犯錯，父母也會犯錯，任何人都可能會犯錯。但是値得欣慰的是，幸好我們還能夠學習！」

關於自卑這部分，我覺得也是很重要的功課。你一定要開始告訴自己：「我要來面對自己的自卑。」並且問自己：「我到底覺得自己哪裡不如人？是我認爲不如人，還是別人認爲我不如人？那是不是一個我不斷去強化的信念？是不是在內心深處，我從來沒有眞的肯定過自己？我覺得自己不如別人，是不是因爲我的核心信念就是『我不夠好？』」

「我一直相信我不夠好，害怕自己比不上別人！我一直覺得我比別人糟糕！」這種想法是不是來自小時候，父母對你的期望、要求、責備？或許在成長過程當中，從老師的眼光裡面，你看到了否定、批評？或是在人際、愛情關係當中，你受到了創傷？於是從那天開始，你就否定了自己，而產生了很大的自卑感。

自卑也是一種選擇！你可以選擇不要這樣看自己！你可以選擇把那當成是學習的過程：「原來別人沒有我以爲的那麼好，我也沒有自己以爲的那麼差。」你慢慢願意肯定自己，願意對自己有信心，願意去努力、去嘗試。錯了又怎麼樣？錯了就學嘛！做不好，下一次再做嘛！當有這樣健康的心態，你越面對，越不怕丟臉，越能夠超越！我們覺得丟臉、自責、自卑，其實只是自己卡在裡面一直轉圈出不來，覺得人家在看我們笑話，其實沒人有那麼多閒工夫看你的笑話。全部只是你自己想的啦！

自卑也是一種選擇！你可以選擇不要這樣看自己！

我曾經告訴一位精神疾病的個案：「你自己關起門來，把這個世界想得這麼危險，如果眞的這麼危險，那你爲什麼還能白白胖胖的活著？」自卑會讓你把心封閉起來，把自己關在封閉的實相中走不出去，活在自卑的陰影底下，不敢眞的把心打開信任任何人，因爲你怕人家看到自己不夠好的地方。所以當你能面對自己最深的自卑，就是眞能得到最大的信任之時，表示你要走出內心的陰影了。

每個人都要經歷「面對自卑」這個歷程，我鼓勵大家從今天就開始：拿出紙筆，列下所有你覺得自卑的地方。你欠了大筆債務嗎？你長得不好看嗎？你曾當眾被羞辱嗎？每個人都一定有自卑的地方，去面對它、承認它、接受它！然後讓這個自卑的因素，不再成爲你內在深處的傷痛。

當你關起門來，覺得自己什麼都比不上別人，那是每個人都要去面對的功課——自我接納。我自己也常常面對這樣的功課，甚至可以直接講出口，而且是幽默地自我解嘲，不但沒有人覺得我很糟糕，反而還會給我溫暖和鼓勵呢！所以當我們面對自己的時

候，要相信：「我是安全的，我是沒問題的！」反覆試煉下，自卑就不再成爲生命中的阻礙了。

當你有沉重或傷心的感覺，馬上覺察、觀照自己吧！你可以寫日記、找一位知心的朋友，或是抽空與自己相處，來找出那份悲傷。很多人以為自己在悲傷時是獨自一人；但你不一樣，知道此刻有一個正在悲傷的你、還有陪伴著你的內我、再加上一切萬有，三個人一起分擔悲傷。也就是所謂的「舉杯邀明月，對影成三人」。讓我們在生活當中、在感受當中，漸漸的來體會這一點吧。

Chapter 02

釋放悲傷

生命中的悲傷

生命當中存在著許多的悲傷。大多是來自生活中的某些特定事件，好比多年前我哥哥出家的時候，我就感到相當的悲傷。一般人也可能碰到雙親生病、往生等發生在親人身上的狀況；離婚、離職等發生在自己身上的事情；或是單純在生命中碰到了一連串的打擊。

有些癌友會生病，可能也與此有關。有一位癌友來掛門診，說她在兩年多前就知道自己罹患了乳癌，可是她瞞了一年多，在七個月前才讓先生知道。原因是在兩年前，先生沒有跟她商量就無預警地退休了，她覺得很丟臉，氣得不得了。雖然他們家沒有經濟問題，可是她認爲先生才五十一歲，這麼年輕就退休，豈不變得遊手好閒？她忿忿地說：「你叫我怎麼跟人家交代？」這話倒是十分好玩，不知道她想跟誰交代？

她先生則說，太太長期以來一直是控制型的人，想要控制小孩和先生，當時就算和

她商量退休的事情也不會有結果。他是做業務的，壓力很大，年紀也不小了，老闆一直想辭掉他們老一輩的好找新人。他乾脆自己退休，每天做家事也很快樂。可是太太不能原諒先生背著她決定事情，一直很生氣。

她有一套奇怪的邏輯：「先生無預警地退休，不讓我知道。那我得到乳癌，我也要默默的死掉，不讓他知道！」結果她隔了一年多才告訴先生這個消息。我剛聽到這說詞的時候，著實不懂這是爲什麼。

後來她的癌細胞轉移到淋巴，又在原患部侵犯大胸肌，手已經又痲又腫，舉不起來。她問我接下來會怎麼樣？我老實告訴她很嚴重。如果她願意的話，接受正式診斷和治療的同時，更重要的是開始進入身心靈領域。她七個月前開始上課，一開始甚至連我的書《絕處逢生》都沒聽說過。後來學員和她分享《癌症不是絕症》CD，她從晚上聽到早上五點，聽到第三遍，才知道自己爲什麼會遇到這種事、得到這種病。她終於明白自己找到了正確的路！我告訴她：**正確的努力永遠不會太遲**。

我想藉此告訴大家：人會對某件事情有強烈的反應，一定是心裡有另一個結，有更深沉的悲傷在那裡。薪水太少、離婚、親人往生帶來的悲傷都是眞實的；但還有更深的、我們不惜欺騙自己也要逃避的悲傷，存在於我們不敢面對的地方。

最沉重之處

你是不是常常悶悶不樂？在別人開心的時候，只有你開心不起來？還是有什麼一直困擾著你，也許十年、二十年，你一直沒有走出來？也許你一生都在爲別人而活；也許你從來不敢做眞正的自己；也許你內在有很深的遺憾。我們面對悲傷時會強顏歡笑，假裝自己沒有感覺；想找到最深層的悲傷，就要從覺察自己的情緒開始。悲傷的能量會一直向下沉，但是當你把悲傷釋放出來，會覺得走路都變輕快了，生命也不再那麼沉重。所以找到生命的沉重感，就是通往釋放悲傷的第一步。

有位癌友和我分享她「釋放悲傷」的一段插曲：「前年過年的時候，我的癌指數一

直飆高，做家事時也很笨拙；我覺得自己很糟糕，連烏魚子都沒辦法烤好。當時我要釋放憤怒跟悲傷，結果把廚房裡的杯盤全部摔破，然後哭倒在滿地板的碎玻璃上。在釋放的過程裡面，我還把東西丟到先生身上，他想逃的時候，我就叫他：『站住！別跑！』

「他試著安慰我，反而讓我更生氣。我先生是個主導性非常強的人，又很能幹，他的話語深深勾起我的劣等感，覺得自己是這麼糟糕！我當時完全進入了歇斯底里的狀態，想說什麼就說什麼，後來想想還滿過癮的啦。

「當然，殘局是我自己要收拾。那時候我告訴先生說：『我不是在責怪你，只是你的言行勾出了我的自卑，讓我和自己過不去，不是你的錯！如果今天我不是這麼沒自信、這麼退縮、這麼自卑的人，就可以對你這些話一笑置之，根本不會有感覺！這是我要對自己負起責任的部分，所以和你沒關係，但是我眞的需要你在這裡陪我！』」

我覺得人走過癌症以後，眞的會變得比較有力量。我們一路走來，都在試著克服覺得自己不夠好的部分。以前我以爲童年的因素比較多，其實不盡然。像上述這個例子裡面，最主要的還是夫妻關係；因爲先生比較強勢，他永遠會把自己最好的那面展現出來，而太太正好相反。

賽斯書《個人實相的本質》中提過醫生與病人的例子。醫生把無力感拋給病人，讓病人扮演無能的角色，醫生才能扮演有能者。在這類關係中，常常出現能量的分裂與投射。在這裡，先生把他覺得自己不夠好、沒用的部分順勢給了太太——反正太太本來就扮演著弱者的角色——他就能演出一個很有能力的強者角色。但是如果太太對自己有信心，其實她會發現先生內在沒用的部分可能更多。當你覺得自己很笨拙的時候，可能是因爲你吸收了別人投射出笨拙的部分，那並不是眞正的你。

我們都在玩能量的遊戲、角色扮演的遊戲。就像有人習慣扮演無能的角色一樣，也有人只是習慣扮演有能的角色，而不允許自己表現出無能的樣子。可是如果你對自己有更深的認識，就能把負面的能量還給來源，然後你只要解決眞正屬於自己的問題就行了。你會發現，在堅定的信心之下，這是很簡單的事情。

●和悲傷的自己相遇

生命、婚姻、親子關係，所有不想面對的人、事、物，都會讓我們覺得沉重。造成沉重感的悲傷，來自不被瞭解、不被看見、不被認同或是一直欺騙自己的你。找出那份沉重的感覺，把它釋放掉，你會覺得腳步再度變輕鬆了。以前我剛開始帶癌症團體的時候，還不太能承受癌友的往生；我就一個人開車上高速公路，一邊開車一邊哭，哭完整個人也就清爽起來。

我們爲人父母，或是當老闆、員工，獨處的機會可能變少了，可是人眞的需要一些獨處時間；也不用宅在家裡，有很多運動可以獨自進行，像是爬山和游泳。重點是要有機會，能夠和那個悲傷的自己相遇，然後才能釋放出悲傷的情緒。我們不一定需要別人的安慰，因爲修鍊賽斯思想以後，**就能同時在哽咽甚至嚎啕的時候，感覺到宇宙伸出溫暖的雙手在擁抱我們**。

有位個案告訴我，她先生剛過世時，她罵兒子爲什麼對喪事不理不睬。有天她回家發現兒子在後陽台嚎啕大哭，追問之下才發現，原來兒子是同性戀，十年前就跟男朋友結婚，兩年前離婚了；新交的男朋友又發生意外，被火車輾死。他辦完愛人的葬禮以後幾乎崩潰，發誓再也不要參加葬禮，所以才不願意參與父親的喪事。當兒子講出這些東西，他才把所有的悲傷都釋放出來；媽媽這才知道，原來她錯過了兒子的這麼多事。

我告訴她，不要再錯過兒子生命中的重大事件了！你對兒子的愛和接納，應該勝過你的思考框架與面子；你的傷心、難過與不堪，其實都是在折磨自己而已。就像這樣，我們都要想辦法處理自己的悲傷。每個人都有內在的悲傷，而且持續不斷地在累積，因爲生命當中有太多讓我們難過的事情發生。但這就是人生啊！

●來自宇宙的安慰

有人去找佛陀，希望讓死去的親人復活。佛陀要他去城裡找沒有親人去世過的家庭

化緣，拿到一點酥油，佛陀就能讓他的親人復活。結果那個人走遍全城，找不到一家這樣的人。這就是生命的道理！

生命會持續往前進，發生許多我們必須面對的事；其中也難免會有讓我們悲傷的事，因爲人是有感情的動物。悲傷沒有關係，但是我們必須去面對並釋放悲傷。在那個釋放的過程中，你會自然而然地得到宇宙對你的安慰。以前我們老是要別人來安慰我們、瞭解我們，可是不一定能得到；最後只有我們內在的、心靈的自己，或是宇宙的能量與智慧能做到。

賽斯在《靈界的訊息》中，描述到關於所謂的「神」或「一切萬有」時說：「**一切萬有知覺到每一隻落下的麻雀，因為祂即每一隻落下的麻雀；一切萬有並不在祂所造的萬物之外，祂就在萬物之內；一切萬有覺察到所有祂的子孫的一切。**」意思就是說：我們每個人的生死輪迴，都在一切萬有的關注範圍內。祂無微不至地看著你，你所有的起心動念與變化，祂都知道。所以賽斯說，那不是一個和稀泥一樣的神，不是一個籠統的、高高在上的、漠不關心的神；祂知悉所有你的一切。

我一直認爲：宇宙有一個力量，祂認識我的一切，知道我的所有過去、現在和未來，祂會用無盡的愛在那裡包容與支持。光是知道這件事，就是多大的安慰啊！所以當我悲傷的時候，我相信祂陪我一起悲傷；當我憤怒的時候，我相信祂也與我同在。這股力量其實就是天、地、宇宙、萬物中的一切萬有。一切萬有與每一個意識相連，也因此沒有人是被遺棄的。

很多人悲傷是因爲覺得自己被遺棄了，覺得沒有人需要他、愛他、在乎他。當他失敗、一無所有、比不上別人的時候，覺得天地遺棄了他、衆人遺棄了他。可是賽斯思想中包含了一股力量，一直在內心中支持我們，陪伴我們面對悲傷。縱使你覺得全世界的人都不瞭解你、誤會了你，然而一切萬有不會如此！所以你因著這個連結，就能去面對你的悲傷；再大的悲傷，祂也會陪你一起走過。

有個故事說：某人在生命最痛苦時走過沙灘，以爲身後是自己的腳印，其實那是上

一切萬有並不在祂所造的萬物之外，祂就在萬物之內。

帝背負他走過時留下的。我希望讀者們都能慢慢感受到，你不是獨自一人走過悲傷；即使你曾有過悲慘的人生，或是現在就過著悲慘的生活，那個充滿宇宙、完全瞭解你是誰的一切萬有能量正在支持著你，因此你並不孤獨！

孤獨中的力量

爲了釋放悲傷，我希望大家去體驗獨處的感覺。即使你是獨自一人，在悲傷中你也不孤獨，可以感覺到溫暖、支持、鼓勵，甚至是得到力量；但你得先懷抱著信任，而不是將悲傷的自己拋棄在孤獨中。在尋求一切萬有的支持之前，我們要先與悲傷的自己同在，擁抱自己就像擁抱你的悲傷一樣。

當你有沉重或傷心的感覺，馬上覺察、觀照自己吧！你可以寫日記、找一位知心的朋友，或是抽空與自己相處，來找出那份悲傷。很多人以爲自己在悲傷時是獨自一人；但你不一樣，知道此刻有一個正在悲傷的你、還有陪伴著你的內我、再加上一切萬有，

三個人一起分擔悲傷。也就是所謂的「舉杯邀明月，對影成三人」。讓我們在生活當中、在感受當中，漸漸的來體會這一點吧。

對於人生的七難八苦，不要再去想，而是把心打開、把手放下，你就會得到更大的自由與平安。真正面對病痛和死亡的時候，你不用擔心，因為當下是威力之點，所有你能遭遇到的事情，自己一定能面對；只要隨順自己心靈的帶領，你絕非想像中那麼脆弱無用。當你走在身心靈的道路上，你就會知道：所有關於死亡的恐懼，只是小我的想像；你真正面對的，是莫大的平安與幸福！

Chapter 03

化解死亡焦慮

生理症狀是能量的釋放

在研究恐慌症的時候，我們發現：患者基本上是以一組生理症狀，來釋放內在焦慮與恐慌的能量。神經內科會稱其爲腦神經衰弱、自律神經失調；精神科的診斷則是恐慌症。每次發作的時間因人而異，一般在三到十分鐘，但也可能持續更久。有人會感到頭皮發麻，擔心是不是中風；他們多半是從親戚朋友、報章雜誌之類的來源獲得關於中風的資訊，加強了自身的恐懼與焦慮。有人脖子一緊，就覺得和高血壓有關。有人心悸、胸悶、吸不到氣，感覺快窒息了，就跑去掛急診看心臟科，接受心電圖和超音波檢查的結果，大都是輕度的二尖瓣脫垂（Mitral Valve Prolapse）；病本身不嚴重，患者卻覺得自己是心臟病發，快要死了。

在這些恐慌症症狀中，其實有一個共通點：對死亡的焦慮。中風和心臟病都是廣爲一般人所知的猝死原因。我記得英業達副董事長溫世仁先生突然過世的時候，心臟科門

診的病人多了三成，他們都擔心自己有心臟病，可能突然死掉。

高雄有位公車司機，工作時心肌梗塞發作；他讓乘客先安全下車，後來就死在方向盤前面。家屬不知所措，覺得怎麼會這麼突然？可是如果從生死輪迴的角度而言，對這個人來說，開車不止是他的職業，也是他的興趣與喜好，那麼，他能在做自己最喜歡的事情時死去，不也是一種幸福嗎？

各位讀者最喜歡做什麼？游泳嗎？唱歌跳舞嗎？如果你已經八、九十歲，突然在唱歌跳舞到一半的時候溘然長逝，那也是一種美好的人生，不是嗎？像這樣換個角度想想，如果能夠死在自己一生中最喜歡的活動上面，未嘗不是一件令人開心的事。

其實每個人死亡的方式，都和我們內在的潛意識相關連。之前提到的那位公車司機，我們也許覺得他很悲慘，可是從另一個角度來看，他能死在自己爲之奉獻一生、最爲熱愛的這個行業上，也是一種幸福。但是，對於看到這則新聞的人，或那些家族中有人死於糖尿病、高血壓、心臟病的人，也許就會嚇得手腳發抖、四肢無力，就像電池快用完的玩具一樣。這就是恐慌症發作時，患者潛意識中感覺到並釋放出的情境——人之將死的情境。

別去想；去感覺

面對死亡時，每個人都有很深的恐懼。那是因爲我們用頭腦去思考、用想像力描述死亡的樣貌，結果往往人還沒死，就先嚇死自己了！死亡這件事情，最可怕的部分並不是實際去遭遇它。就像飛機失事，乘客死亡時甚至來不及喊出聲；或是之前后豐大橋斷裂，兩輛車掉進河裡，車上的人死亡前也搞不清楚發生什麼事。大多數人死亡時就是這樣，根本不知道發生了什麼，所以實際上來講，面對死亡並不恐怖；可是在人的想像當中，死亡能有多恐怖，就有多恐怖！

有一部電影《索命麻醉》（Awake, 2008），主題是要處理人性的糾葛，但是用麻醉清醒（anesthesia awareness）的形式來表達。片中主角在手術台上的遭遇，其實就是靈魂

出體，可以視爲對死亡的隱喻。新時代大師賽斯告訴我們，實際上，死亡的過程一點都不可怕；當我們的意識離開肉體的時候，它混合了快樂、痛苦與解脫，就好比吃果凍的時候一樣，用力一擠就「啾」地一聲飛出去了！

當我們的意識脫離肉體的瞬間，絕非某些宗教講的那樣，像蛇或是螃蟹脫殼那麼痛苦。靈魂在這世界上度過數十年，早就準備好面對死亡了；我們的器官衰老、人老珠黃，自然會覺得身體越來越沒用，渴望能拋棄舊的肉體以得到重生，以新的肉體、新的身分回歸。這是個神聖莊嚴的過程，標誌著肉體接近了世俗生涯的終點，是意識與身體珍重再見的時刻。當那一刻到來，我們的意識與內心，其實多少都有所準備了。

好比中學畢業的時候，大家一起高唱驪歌，覺得離情依依，但又有一種迎向未來的興奮；雖然也有不捨和難過，可是有更多新生的喜悅。意識和肉體合作了數十年，眞的到了分離的時候，其實是很開心的，還帶著一種對世俗生活的心滿意足。當然，人的一生中可能留下很多未完成的心願，但那也是給未來的生涯留白，提供了更多發展的機會。

因此我要向各位鄭重地宣示：**大部分的恐怖，都只是來自腦海中的想像！**離婚很可怕嗎？其實眞的離婚時，只一味想著哪些東西是自己的要搬走；倒店很可怕嗎？其實雜事處理起來比開店的時候還忙！而一般人感覺到的恐懼，多在事後回憶時才出現。有人說和岳母相處很痛苦，可是他一星期只看到岳母十分鐘，怎麼可能整周都在痛苦中呢？其實他是花整整七天的時間，在想像下次見面十分鐘的痛苦而已！夫妻吵架也是一樣，爭吵起來沒幾分鐘，可是結束以後，兩邊都一直在回味吵架的內容，或是盤算下次什麼時候再吵！

死亡帶來平靜

當你眞正面臨死亡的時候，會有很大的平靜、感動與感恩。賽斯說，他經歷死亡的次數多到難以計數；最精彩的部分不是死前的呻吟，而是死後得到的眞正平靜。女性讀

者們如果有生產的經驗就會知道：不論生產過程多麼痛苦，都比不上小孩平安出生後感到的平靜與滿足。出生與死亡的過程幾乎一模一樣，因爲死亡與新生是一體的兩面。

在分娩過程中，母親承受著極大的痛苦，甚至可能在不知不覺中失禁；但在最痛的那一瞬間，嬰兒的頭出來了，然後是肩膀、身體、腳，接下來就是響亮的哭聲。死亡也是一樣，人們在分娩中所見，就像瀕臨死亡的過程；只是生者無法看到後半段情景，他們只目睹前半段的苦痛，而無法體會後面的喜悅。

許多人會花一生的時間去想像自己的死亡：什麼原因死？什麼時候死？當他某天眞正面臨死亡的時候，也許生了重病，全身上下都不舒服；可是當意識彈出肉體時，那過程混合著一種解脫、快樂與自在，還有非常大的平靜——人越接近死亡，就越是平靜！越過死亡的那一點以後，什麼病痛都沒了。

賽斯說，他每次死亡之後都很感動。他是累世的修行者，大多數時候都是意識清醒地死去，沒有陷入昏迷或進入夢境。死亡帶給他心滿意足的感覺，就像一頓漫長的法國大餐吃到最後，終於嘗到甜點的瞬間，會有種難以言喻的滿足湧上來。沒有死亡的話，人生就不會有這樣完美的句點。

在史前時代，人們的內在感官和肉體感官還沒有分得那麼清楚；一隻鹿被獵殺以後，獵人還能看到鹿的靈魂在肉體旁快樂地跳舞。當時的人們會爲此而感動，也會很尊敬他們的獵物，並從中學到，死亡不過是形式的轉換。相反的，大多數現代人認爲死亡是滅絕，還編造出地獄之類的死後恐怖畫面，其實那早就落伍了！

很久以前，精神科還會用注射胰島素引發低血糖休克來治療病人，放在現代就是不合時宜。就像精神醫學對病人越來越人性化一樣，滿清十大酷刑或十八層地獄之類以折磨人爲目的之做法或想法，都是過去式了！賽斯說，**死後的世界遠比現今這個世界更有人情味、更溫暖光明、更值得我們嚮往**。我百分之百相信這是事實！

許多人對死前的折磨和病痛感到恐懼，但是那些痛苦大都是想像的產物；所有關於死亡的恐懼、死前所受折磨的恐懼，都是頭腦製造出來的。其實我們實際碰到這些情況

時，一定可以從容應對，因爲「當下是威力之點」。不管在任何當下，遇到任何的困境，我們是有威力的；即使遇到頭腦所能想像最大的困難與苦痛，感到多麼悲慘與恐怖，甚至正面臨死亡的威脅，我們只需在當下那一點眞實的面對。

人的靈魂擁有絕對的威力，一定能面對當下的遭遇，但可沒辦法應付大腦名爲想像力的誇張病態。這樣想像出來的東西不是如實面對現況，往往是無盡的投射和胡思亂想！胡思亂想是無藥可治的！

太陽底下沒有新鮮事

你的肉體與心智面對的挑戰，同樣是有史以來全人類共通的挑戰。人類可能面臨的所有痛苦，都已經有人經歷過了，這些苦難並沒有妨礙人類種族的繁榮。請各位讀者記住這句話：**凡你一生將遭遇的，你必然都能夠面對！**不管你遇到什麼痛苦與悲哀、身體承受了多少病痛、往生的過程會如何難熬，只要記住「當下是威力之點」，你一定能面對、一定會度過。

有人看到蟑螂就會尖叫，像是世界末日降臨了，可是我從來沒看過蟑螂張口把人吞下去的事情；其實蟑螂還比較怕人呢，人的尖叫聲多可怕啊！就像這樣，既然我們能用想像力製造出難以面對的恐怖，我們也能學著用想像力來化解它。關於死亡，道理是相同的，即使花上一生的時間，我們也應該坦然去面對。

許多人覺得我們面對死亡是無力的。其實死亡只是意識發明的一種遊戲，你就是接受了這個遊戲規則才來到這世上，就像玩大富翁要排名、玩象棋有輸有贏一樣；有生就有死，有死亡才有再生。有些人面對死亡時，彷彿是面對很深的無奈、最大的恐怖，可是那其實與死亡無關。意識發明死亡，是爲了讓自己可以交替體驗肉體與非肉體的存在，藉此經驗不同的實相。

生命與意識是超越死亡的。死亡並不像很多人想的那樣，是對生命的威脅，好像生命必須對抗死亡。死亡是生命的過程之一，而且是意識爲了學習成長所發明的遊戲規

凡你一生將遭遇的，你必然都能夠面對！

則。即使你想像死亡的時候會覺得很恐怖，但在實際面對死亡時，也要記得放手！

Let It Go

坐雲霄飛車時，最容易感到害怕的就是那些緊抓扶手的人；那些把手放開的人，反而更不會感到恐懼。如果你對死亡感到恐懼，那是因爲你的自我意識想要緊抓肉體不放。我看過第一次送小孩去安親班或小學的家長，小孩嚇得好像那是要他的命一樣，死都不肯放開車門，甚至在板金上留下抓痕！那種痛苦就和我們面對死亡時相同。我們不應該被內在那個鬧脾氣的小孩控制，要學會在死亡的瞬間放手，自我意識就能回歸到自在的狀態。

人類的自我意識有一種慣性，會想一直緊緊的抓住物質不放。就像你在親密關係中，想一直緊緊掌握住對方；可是你掌握得越是緊，對方逃得越快！爲人父母也是一樣，越想掌握孩子，孩子越是一有機會就跑到天涯海角，想找都找不到！所以面對死亡

的時候，你更該學會放手，然後就會發現有一隻最慈悲的手，正在潛意識與無意識中支撐著你。

許多恐慌症患者，都覺得自己在人生中孤軍奮鬥；其實不只是恐慌症患者，大多數人都覺得自己是孤獨的，又辛苦又疲倦。放手吧，讓宇宙帶著你走；宇宙的智慧、內在的神性與佛性會引領你。人類在這個瞬間，應該要學會放手，而不是去抓住更多的物質、金錢與科技。

當你學會放手，你的自我會更成熟、更有安全感、更有信心；當你放手讓內在的智慧帶領你，自我意識就不會再頑抗下去，用銅牆鐵壁來鞏固自己。那些只知道鞏固自己的人成天擔驚受怕，任何事對他來說都很嚴重，結果眞的變得很嚴重是必然的。

放下不是放棄，而是更大的信任，讓周遭能幫助你的力量源源不絕而來。放下的意義在於，讓你的自我意識、你的小我不再孤軍奮鬥；讓整個內在的力量、宇宙的力量來接手——我在這裡不談宗教，而是專注於人類內在的本性、自信、神性與佛性上。我還要告訴大家，人類正走到一個時代關卡上面：我們會遭遇更多的天災人禍，直到願意放手、不再掌控一切爲止。

放手讓內在的智慧帶領你，因爲放手是最大的信任：信任你的生命、人生中發生的一切、有生就有死。當你眞的面臨大限，只需兩手一攤，放手讓生命的愛帶領你，你會發現死亡的過程非常平安；你最親愛的已故親友會來迎接你，給你很大的心安與鼓勵。死亡是一種新生與重逢，讓你對自己物質的這一生有無限感動！

我希望各位讀者，在人生中建立起這種「生死兩自在」的心情。對於人生的七難八苦，不要再去想，而是把心打開、把手放下，你就會得到更大的自由與平安。眞正面對病痛和死亡的時候，你不用擔心，因爲當下是威力之點，所有你能遭遇到的事情，自己一定能面對；只要隨順自己心靈的帶領，你絕非想像中那麼脆弱無用。當你走在身心靈的道路上，你就會知道：所有關於死亡的恐懼，只是小我的想像；你眞正面對的，是莫大的平安與幸福！

心靈的直覺、靈感、第六感、童心和赤子之心，都來自於內我的智慧；在心靈領域中，賽斯思想帶來了全面的更新。從你的內心到思維，可以很有智慧又老成，同時又保持年輕；很有人生的經驗，但是也依然活力十足。只要記住：心靈永遠超越一切物質、永遠超越時空、永遠不受任何角色的侷限，因為心靈的創造力無所不在！那你就已經走在正確的道路上了！

Chapter 04

快樂面對老化

老化的意義

「老化」兩字，其實包含了很多層面，不只是臉上起皺、肌肉鬆弛而已。老化是整個人肉體的衰老、身體功能的衰退，大部分疾病都與其有關；我們去世的長輩，像雙親或祖父母那一代的人，有誰的往生與老化無關呢？健保的支出，至少有三分之二用在高齡者及相關疾病上面；我們使用最多醫療資源的時間，也是在自己的晚年。

老化還不僅止於外表、體力之類肉體的退化；阿茲海默症、巴金森氏症與腦血管梗塞的後遺症等，精神上的退化也是老化的結果。不管是精神還是肉體方面的退化，都會導致高齡者不能自主。有位七十九歲的老先生來找我，我看他走路時很英挺，一問之下才知道他是海軍中將退伍，還曾經擔任過艦隊司令，當時非常的威風！可是他現在七十九歲了，開始覺得害怕，擔心某天連小便都要別人幫忙。就是這份恐慌逼迫他來找我。

由於公共衛生與營養的改善，人類的壽命不斷延長。以前很多人都活不到面臨老化

的時候，可是現代人不一樣，男人的平均壽命有七十三年，女人有七十九年。所以各位讀者，或你們的父母都會面臨至少十年的老年生涯。這十年的時間你打算怎麼過？

年輕的時候，每個人健康的程度都差不多，可是高齡者的健康狀況就有很大的個人差異。有人六十幾歲就動了好幾次手術，全身都快散掉了；可是也有人九十幾歲還在騎腳踏車。其中差別就在於，你有沒有針對自己的老年生涯進行調整。沒有準備的人，可能七十五歲時已經在床上躺了十年；有準備的人，七十五歲還可以每天游泳跑步，正要結婚尋找下一個春天！

七十幾歲對有些人來說可能太遠，我們來談談四、五十歲的人。曾經有學員想請教我關於她兒子的問題，因爲她覺得我們的年齡比較接近，結果一問之下，她兒子才二十七歲，我們其實相差了十三歲，可是外表看起來就是像同年代的人！大家去參加國、高中同學會時，比一下就知道，明明是同樣年紀，變老的程度已經有落差了；我相信走在身心靈之道上的各位讀者，大都是比較年輕的那一邊，哈哈！

信念影響老化

就我自己對老化的研究來說，影響力最大的還是賽斯思想，但除此之外還有很多書可看。像美籍印度裔的醫生喬布拉（Deepak Chopra），他寫的《不老的身心靈》（*Ageless Body, Timeless Mind*），就從許多角度來探討老化問題；我自己的著作《心能源》裡面也有提到老化。裡面特別引用了一句話（幫我校書的學生還問我，這樣寫會不會讓人懷疑這本書不科學，違反邏輯與常識），這句話出自賽斯書《個人實相的本質》，也就是賽斯說的：**「光是年齡這個因素，年齡是沒有辦法造成細胞的退化衰老！」**乍看之下，這句話明顯違背邏輯、經驗、科學、醫學，難道賽斯是沒知識、沒水準、沒衛生觀念的嗎？

而我看到這句話時的心境，只能用「波濤洶湧」來形容。我自己是個醫生，能夠從醫學的角度來看事情，結果讓我腳底發抖又冒冷汗！「什麼，年齡不會造成細胞衰老？

那麼我在醫學院讀的老人病學難道講的是廢話？」但是我的大腦告訴我：賽斯敢這樣說一定有其道理，先全面思考後再下結論也不遲。

的確，衛生的進步與營養的改善，都能延緩老化，但也都有其限度。營養太好就會變成營養疾患，造成高膽固醇、高血壓、脂肪肝等等；公共衛生也有限度，總不可能讓所有人都住到無菌室裡面；就連運動也是有極限的，做過頭就變成運動傷害。在賽斯的思想裡面，影響老化的關鍵因子，竟然是信念！

沒有結婚的人，到了五十幾歲的時候，和年齡相同可是有結婚、有小孩的人相比，看起來年輕很多。我的意思不是鼓勵大家不結婚，也許結婚的人老得比較快，是因爲他們生活比較充實忙碌且操煩。有結婚、沒有小孩的人，通常也老得比較慢，因爲沒有孩子在背後追他，追得他都變老了！

想像一下就知道，你看著父母在前面趕路，孩子在後面追你，你夾在兩者間，當然隨著時光而往前推移。我們的身體與心理，都像這樣處在集體的推移之中。當你在某一區段的時候，就只是跟著往前進；前面有人做你的典範，後面有人把你往前推。

我們都告訴自己說，我們是無敵鐵金剛和小甜甜的那一代；下一代流行的什麼神奇寶貝，我既不想懂、也沒辦法懂。這就是所謂「集體的信念」，讓你甚至無法知覺到！但是賽斯明白指出了這點，也打破了全世界關於老化的理論，提出了面對老化的方法。那就是賽斯思想的核心：你創造你自己的實相！（You create your own reality! 你們創造你們共同的實相！）

如果把一個七十歲的人，丟進五十歲的團體當中，讓他過著五十歲的生活，他的生理與心理年齡會慢慢回到那個區段，直到別人看不出他是七十歲的人。事實上，你老化得有多快，是由你自己創造的！有句老話說：「人過了四十歲，要爲自己的面相負責。」其實人從一出生，就要爲自己的老化負責！

●讓長壽變成常識

那些親人很長壽的人，也會跟著長壽；因爲他可以催眠自己說：「我爺爺奶奶活到了九十幾歲，這是我們家的遺傳，我也可以活那麼久才對。」也許事實上，他的爺爺有十個兄弟，只有他一人活到了九十五歲，其他人都只活到六十幾歲就去世了呢！但這其實沒關係，因爲老化是一組自我催眠的信念，重要的是你相信什麼，不是你身上有沒有長壽基因。

賽斯心法告訴我們：「心靈不受時間的限制，可以在過去、現在、未來同時存在。」所以當你越深入自己的心靈，所謂肉體上符合一般遊戲規則的老化，就越不對你起作用。我常講：「**你可以健康快樂地活到至少九十九歲，而且不用經歷明顯的器官退化**。」在《個人實相的本質》中也提到：「你的感官更能欣賞世界之美；你的眼、耳、鼻、舌、身不會退化，而是看得更深入。」你的反應可能稍微慢一點，不像年輕時那麼快；但是你的心智與大腦，會隨著你的經驗、與時間嬉戲帶來的歷練，變得更有智慧。**這是人的本質上，本來就應該發生的事。**

讀者們或許還不太瞭解，當你掌握賽斯心法的時候，你的身心會發生多麼不可思議的變化。你會發現，其實心靈並不受時間的侷限，細胞的時間感也和頭腦不同。細胞一直在新陳代謝之中，頭皮屑就是死掉的頭皮細胞變成的；你的頭皮細胞，和年輕人的頭皮細胞一樣年輕；就像每年新開的玫瑰花，一直都一樣漂亮，今年的花不會比去年更老更醜。這就是「細胞的本體時間感」。

人會進入自我意識與習性的集體流動之中，所以科學家發現的長壽村，都有一個共同特質：與外面的世界幾乎沒有交流。這就叫「山中無甲子，寒盡不知年」，這些人瑞根本不清楚自己幾歲！他也許已經一百三十歲了，可是他對一百三十歲的概念和我們不一樣；他與世隔絕，看到的就是隔壁的老王一百二十歲還能下田、騎馬，對他而言那是常態，沒什麼好驚訝的。

你可以健康快樂地活到至少九十九歲，而且不用經歷明顯的器官退化。

反過來說，我們對七十歲的人應該衰老成怎樣有一套概念，對九十歲的人也有，可是事情其實是反過來的：就是因爲先有這種概念，我們七十歲、九十歲時才會是那個樣子。我們的常識裡面，沒有一百二十歲的老人可以騎馬這種事情。一個群體的平均壽命，其實是由當地集體的社會意識與認知決定的。

只要我們改變觀念，就能像長壽村的老人一樣，一百三、四十歲仍然身強體壯，可以下田、可以游泳，而且年紀越大頭腦越靈光！這在賽斯的新時代醫學中完全有可能！問題在於，我們的現代文明服膺於物質論，告訴我們宇宙從大爆炸開始，之後越來越衰老；我們的太陽是「中年太陽」，不知道什麼時候就會進入更年期。人類文明的基本概念，就是認爲能量只會不斷衰減，沒有建立起心靈的觀念。

我們的人生觀也像這樣，認爲自己只會越來越衰老，而無從獲得心靈上的補充。我們的科學與醫學中，沒有一個理論告訴我們：心靈能量的發動，可以補充肉體更新所需的能量。按照身心靈觀念的見解，從三十歲到九十歲，損失一○%至一五%的體能就算

很多了；可是我們的衰退程度都在一半以上，結果只剩下三、四成。這就是我們這個集體文明共同信念的結果！

●讓心靈的能量充滿肉體

從地球形成以來，每一年的春天都不比前一年有所減損；今年的玫瑰花也不會開得較去年不美。自我意識能隨著心靈的起伏，不斷受到新的能量補充；如果能感受到自我意識被內在心靈的喜悅、快樂、成長所充滿，肉體的整個能量就會不斷的更新。可惜的是，大多數人隨著年紀漸長，不管肉體有沒有衰老，心靈就已經先僵化了——當青春期結束，肉體停止發育，我們的心靈也經常不再成長；我們不再追求新概念、不再學習新事物、不再探索內在的世界。

當人停止成長與學習，就無法再給細胞新的「能量補充包」。**細胞的衰老並非天經地義，而是因為你沒有開始新的生活**。我們之中有多少人，每天過著日復一日、重複的生活？多少人成年以後，從生活穩固之後，就不再有新鮮的變化？想要預防衰老，你要投入新的領域，給自己新的身分。

我在收音機裡聽過某所高中的招生廣告，覺得實在非常的棒！他們有觀光科、餐旅科等等許多非主流的科目；最重要的是最後一句話：「本高中招收學生沒有年齡限制」。如果我們敢去重新念高中，只要能眞正融入那個環境，讓心智回到高中時期，絕對會年輕至少十五歲！

很多專家把老化歸咎於腦細胞的死亡，他們說：腦細胞死後不會再生。其實這並不完全正確，因爲腦中有非常多潛藏的神經幹細胞，只是我們必須不斷開發全新的領域，才能刺激再生能力。我們可以從頭開始學習西班牙文，或是其他從來沒接觸過的新東西。好比大家讀賽斯書，想要進入賽斯思想，最重要的也是將過去所知的一切都留在後面。我在花蓮成立的「賽斯村」療癒社區，也會豎起一塊牌子，上面寫著：「請把頭腦和鞋子留在外面，只把心帶進來。」

很多現代人都怕老了以後變醜、生病、沒人要。我讀了賽斯書，最大的收穫就是我不怕老，甚至還有點期待，因爲我會變得更幽默風趣，更有智慧又可愛。賽斯說過，人越老越精。不是一般人以爲的越老越痴呆！知道這一點，你對老化的概念就會完全改變。

許多人過去對老化的期待，就是這裡不行那裡不行，關節之類的地方紛紛退化；然而就是這種期待造成了老化，因爲你的期待就是信念！讀了賽斯書，我發現還可以期待別的。如果我打算要活九十歲，我相信且認爲九十歲的我，可以有四十歲的體力，這本就是輕而易舉的。

各位讀者有太多機會接受反向洗腦，現今社會氛圍不會告訴大家這樣的理論和思想，更別說是在生活中應用了。但是當我們全心全意以賽斯思想來修行的時候，會發現一切都不一樣。賽斯說：「每一個年齡都有其珍貴之處。」老年就像孩童歲月一樣可貴，正常情況下，老年生涯可以和童年有一樣多的歡笑和創造力。唯一阻礙這件事的，是我們的社會價值觀。

所以我在賽斯村有個「第二青春館」的計畫，希望讓更多人能藉由心靈的學習與成長，逆轉老化的過程。但是老實說，我對減緩老化的興趣，遠遠比不上對提升心靈的興趣。大家看我穿的衣服就知道，我不是太執著於物質與外相的人。

有赤子之心的人常保年輕

我們可以做到童顏鶴髮：頭髮全白，但是臉龐像嬰兒一樣。但若是出於恐懼老化而想抓住年輕，那是緣木求魚。許多人恐懼心中認爲的老，所以不想變老；但是我要說：變老眞好！你可以又老又快樂、又老又健康，甚至還能嚮往自己老了會更聰明。年輕人看事情，常常只看到表面；老年人才更能透析萬事萬物的本質，所以人老之後更有智慧！

很多人執著於年輕，是出於恐懼和戀棧，不是眞正健康的心態。像我一直反對肉毒

桿菌注射，因爲那是「神經病醫學」！與其打那個針，還不如戴面具算了，因爲肉毒桿菌的功能就是麻痺你的肌肉，你的臉皮就不再屬於你了。而且國外一直有報導注射肉毒桿菌後死亡的事件，原因是它可能麻痺呼吸機能。

讀了賽斯書以後，你會知道自己可以老得很健康、有智慧、有體力、很可愛。你甚至可以隨時讓自己變回年輕的樣子——只要不是出於對年輕臉孔的執著，因爲那是不健康的——一切都是由心念決定。事實上，童年、青少年、成年、壯年、老年一樣都是人生的黃金歲月，不容錯過。年輕人容易衝動，做事欠考慮；要等到年紀變大的時候，內在的智慧才會慢慢湧現，心智也會開始與內在潛意識有更好的連結。賽斯思想中的神通經驗，也是老年人經歷得比較多。

我在此引介的，就是這樣一個値得期待與盼望的老年：讓你不需要因爲恐懼變老，而執著於青春。自我意識的成長，先決條件是學會觀照你的直覺、靈感、第六感、內心衝動與赤子之心。人眞正開始從內到外都老去，是在他失去赤子之心的時候；當我們不再對世界覺得好奇、不再學習、不再有童心，那就是衰頽的開始。

大多數的成年人，也許九九・九%都失去了童眞與赤子之心。但是那些學習賽斯思想的人，有機會成爲「看起來很年輕的老人」，意思是也許他很老，可是看起來很年輕；或是反過來說，成爲「看起來好老成的年輕人」，意思是指心靈很有智慧的年輕人，像老人一樣成熟穩重。賽斯說：未來整個世界將會改變，很多孩子說話時像大人一樣，年輕人會兼具孩童的天眞與老人的成熟，老人則會像孩子一樣自由自在、無拘無束。

這就是我們的目標。以我自己爲例，常有人覺得我像個小頑童；可是某些時候，人們又覺得我很老成。其實各位讀者都可以朝這個方向走，成爲具有魅力的老人。你不用吃吃抹抹那麼多東西，不需要打美白針、胎盤素，更不必冒著危險去開刀整形，因爲賽斯心法最強調的是心靈力量！

●心靈永不受限

心靈的直覺、靈感、第六感、童心和赤子之心，都來自於內我的智慧；在心靈領域中，賽斯思想帶來了全面的更新。從你的內心到思維，可以很有智慧又老成，同時又保持年輕；很有人生的經驗，但是也依然活力十足。賽斯說，如果用年齡來度量，他是全地球的第一名，根本就是佛經上說的無量壽吧！

據說廣成子有一千兩百歲，在賽斯思想中談到肉體的極限時，也說大約是一千歲左右。在遠古時代，那些有智慧、有神通的人，是眞的可以活這麼久，因爲他們的營養代謝、整個肉體的速度都和我們不同。我不是說各位讀者都可以活到一千歲，但是可以快樂、健康的活到九十九歲，而且是「至少」九十九歲！這是我給大家的目標。

有人會問：「我們也可以活到一千歲嗎？」如果你願意獨自度過千年，目送所有人離你遠去，其實我是無所謂的；不過，以前的人活到一千歲，是因爲整個歷史與時代需要他這麼做，他有必要背負整個種族的知識和記憶。現代醫學或許會說，人的年紀越大就越痴呆，不可能記下一千年的事情；但是賽斯思想完全是另一套學說，就看你要相信哪一邊而已。道家的修仙方法已經失傳了，但是在身心靈的學習領域裡，是眞的能落實在生活中，並透過信念覺察與意識轉變來自我成長。

怎麼做到新的學習、新的成長？什麼是直覺靈感、第六感、童心、赤子之心、來自內心的衝動？如何讓生活中充滿新鮮事，而不是每天重複舊生活？我通常不會給出直接的答案，因爲重點還是要由你們自己去思考與實踐。但只要各位讀者記住：**心靈永遠超越一切物質、永遠超越時空、永遠不受任何角色的侷限，因為心靈的創造力無所不在！**那你就已經走在正確的道路上了！

人往生之後就會明白「原來這本就是我這一生自我挑戰、自我設定的生命藍圖」，也會原諒那些讓他受苦的人們，因為他們只是配合演出的稱職演員。更何況，也許正是因為這些考驗，才讓他在這一世取得成功！希望每個人不管是對親友還是家人，不要等到死後才表達感情。當我們還在這個世界上的時候，能夠直率地表達出感情，也是學習成長的一環！

Chapter 05

如何面對親人往生

人皆有之的經驗

「如何面對親人的往生」，可謂人生中的一大課題；我就先來談談自己的經驗。

我還小的時候，外婆曾經帶過我一段時間。那時候我才兩、三歲，父母親爲了生計北上打拚，把我留給外婆看顧。現在想起來，我可能是因此不開心，還遷怒於外婆，事事和她唱反調；平常我很愛乾淨，可是卻會在外婆幫我洗完澡以後，故意在庭院裡滾來滾去，弄得一身髒，就是想要氣她、整她。

後來外婆往生的時候，二阿姨請「孝女白瓊」來。雖然那是職業的哭喪，表演性質比較高，至少也是有模有樣。記得那時候她說：「這一世人的緣分到此啦！阿母要去天上做神！」還有阿母當了神會保佑子孫、來世有緣再做母女之類的話。當時我是國中生，聽到這段話感覺很辛酸，可是也很感動——親人往生只是暫時用肉眼看不到，在另一個世界仍然可以過得很好、快樂又健康；如果有緣的話，大家還可以再到人間來當一

家人。

在第二章也有提過佛陀的這個小故事：有人聽說佛陀開悟有神通，就請求他讓死去的親人復生。佛陀要這個人找到一位從來沒有親人過世的人，向他要一點供養僧侶用的酥油；結果從城頭跑到城尾，所有人都曾有親人往生。佛陀是要藉此點醒他，讓他能夠接受親人的死。

我們都經歷過親愛家人的往生，將來也會繼續有這樣的經歷。我的父母親都七十多歲了，也只能好好把握與他們相處的每一天時光；比較年長的人，可能已經遇過兄弟姊妹的往生了。我曾和一位退役的海軍中將聊天，他以前是艦隊司令；他告訴我，他們那梯次有三個人當上將軍，其中一位就是顧崇廉上將，年輕時也意氣風發得很，但現在顧將軍和另一位同袍都走了，只剩下他獨自活在世上！我聽了也不勝欷噓，便請他多多保重身體。

當我們年歲漸長，遲早都會遇到親人過世，尤其是我們最愛的父母。記得小學三年級的時候，還沒有面臨什麼學業壓力，父親每星期都帶我出去釣魚；路上都是騎摩托車，我常在後座抱著他的肚子打瞌睡。有一次我在後座突然開始哭，因爲想到有一天爸爸會離開人間，就不禁悲從中來。我知道很多人小時候都有這種經驗，因爲小學三、四年級時，就是我們對於生死開始有概念的時候。

讀大學的時候，有一回我夢到母親過世，在夢裡就開始大哭；有趣的是，我醒來後發現那只是做夢，可是悲傷還在，我仍繼續哭，因爲那種悲痛太眞實了。我的意思是，**其實所有人的內在，都對親人往生有很深的恐懼；如果是已經去世了，也會留下不捨的懷念！**就像《家後》的歌詞裡，太太說如果子孫孝順，她就要先走，因爲先生有人照顧，她就不用臨老還要受痛苦折磨；子孫不孝的話，就讓丈夫先走，她至少還能照顧先生最後一程，將悲傷留給自己。

當大家面對親人、伴侶的往生，甚至是更嚴重的白髮人送黑髮人時，我相信那一定是生命中的重大打擊。人要面對這樣的失落，並繼續迎向未來，眞是很不簡單的事！在

許多個案當中，也有一些很令人感慨的、父母早逝留下孩子的案例。不久前我就輔導過一位個案，母親在他九歲時往生了，他當時才小學三年級，對他來說實在太早。

那些在兒童、青少年時期遭遇到親人往生的人，受到的打擊當然更大。那已經不只是情感上的失落，而是包含了更多現實的壓力，逼他們扛起家中的責任，取代父母的角色。這些人首先要面對的，就是經濟狀況的轉變。悲傷不能持續太久，他們必須趕快扛起賺錢養家的責任；但是悲傷並沒有消失，只是被埋在心中好應付日復一日的生活。

我沒有學習賽斯思想之前，也一直認爲自己沒辦法承受父母往生這件事。如果有一天，全世界最愛我的爸爸媽媽不見了，那怎麼辦？小時候又受傳統宗教思想的影響，覺得人死後可能會下地獄或是去到不明空間；我就想說，萬一爸媽死後到了地獄，我要像目蓮救母一樣去救他們。學了賽斯思想之後，雖然某一部分的我可以接受親人往生這件事了，可是心裡多少還是有些不放心。

最讓我覺得安慰的是，以前總會擔心，最愛的人死後變得孤孤單單，沒人給他帶路。老人家年紀大了，可能會有一些失能的情況，像我媽媽不認識字，說不定原本要上天堂的，會走錯到地獄去；沒有孩子跟在身邊照料，獨自面對死亡，不知道會有多害怕！可是賽斯告訴我們，人往生的時候，已經先走一步的親友會來接引。比如媽媽往生了，假如她的父母還沒投胎，就會來接她；她的兄弟姊妹，只要是還沒投胎的也會來。即使是孤兒去世，前世的家人也會來接，無論如何一定會有人來。

人死後還會有專門的心靈輔導員，服務比最奢侈的生前契約還好。這些接引人可以幻化自己的形象，會以一個往生者最能信任的姿態來找他，甚至是變化成他的寵物。看到賽斯的說法，我的心就安了一半；至少我最愛的親人往生之後，一定會被照顧得很好。而且賽斯還保證，死後的世界其實很溫暖、很有人情味！天堂裡沒有分南部人還是北部人、黑人還是白人，大家同樣是人，都很有情感。講到死後的世界，以前的觀念都覺得是個很黑暗、孤單、濛濛渺渺的地方；實情並非如此，甚至比這世上光明得多！

●面對「自然的罪惡感」

另外的問題是，「人死後會上天堂、下地獄還是進入六道輪迴？如果爸爸投胎變成了魚，我豈不是可能把他釣上來做成三杯魚、沙鍋魚頭？」但在賽斯的思想中，六道涇渭分明，一旦輪迴當人就一直在人間道當中；所愛的父母不管以前有沒有犯錯，他只會去面對、學習與成長，不會落入修羅、畜生、惡鬼、地獄四道。所謂地獄的審判，其實是在面對自我、面對一生，看自己有沒有觸犯自然的罪惡感；因爲人在往生之後，必須面對自己一切的所作所爲，當作前往下一階段的參考。

我奉勸大家都能提早開始審視、面對自己從小到大所做的一切事情。這個功夫做得越好，就能在死後省下越多的麻煩，可以有多一點時間去安排未來的人生，早一點進到下個階段。那些從來沒有思考過這件事的人，到時候就只能看著別人插隊嘍！（這是開玩笑的！）

我不是要大家動不動就作檢討報告，弄得好像什麼苦差事一樣；而是要每個人誠實的面對自己，遵從自然的罪惡感。所謂「自然的罪惡感」，其內涵其實很簡單：**「不可以蓄意侵犯、傷害他人的肉體或心靈。」**當人犯了這樣的錯，便應該誠心懺悔；若此人不知悔悟，他所造成的痛苦將會返回自己身上。所謂的地獄，就是在某人死後，如果他不肯面對自己對別人造成的蓄意傷害，就必須對那些痛苦感同身受。

舉例來說，某人虐待自家的狗是不是罪？當然是！因爲他用一種惡意的方式來對待生命，侵犯了生命的尊嚴。反而是那些禁欲、齋戒之類的規矩，其實只是求自己的心靈平安，即使不慎破戒了，也算不上是什麼罪。

所謂「地獄」的存在，並不是單純爲了折磨、懲罰裡面的人，而是爲了完成愛的循環；透過讓他們知道、感受到這些痛苦，「畢業」以後就不會再去傷害別人。其實地獄是非常人性化的地方，並沒有獄卒在懲罰你，也沒有法官判你什麼罪；眞正要懲罰你的是你自己，你經歷的都是自己一生中對周遭一切人、事、物的所作所爲。只要感受到之

後產生了懺悔心，就不用再受這種折磨，立刻回歸自然的恩寵。那些已經知道反省的人，甚至可以不用走這個程序；只有之前不知自省的人，才會被內在的本我、靈魂引導過去。

賽斯思想的本質就是慈悲。那些在世時就能依從自然的罪惡感，面對自己過錯的人，死後就不會再經過地獄的責罰了；因爲那本就只是讓人回來面對自己的過程。我希望**大家從今天開始，就要經常自我面對；你越是這麼做，心靈就越是平安喜樂**，就像基督教認爲受洗者從此煥發新生一樣。

假設大家都已經徹底明白什麼是自然的罪惡感，也清楚自己這一世曾犯什麼過錯；而且不只是今生，對於你在所有前世曾經犯過的、現在甚至無從得知的那些罪，也願意去懺悔並有所改變，請舉起左手這樣告訴自己：「在未來，我不去觸犯『自然的罪惡感』這個戒律！」只要你眞心這樣做了，就絕對不會成爲罪人。

好比基督徒認爲，要依賴耶穌的寶血才能洗淨自己的罪，但其實只要能確實瞭解以上的話，從這一刻開始你們就不再是罪人了！因爲你能尊重生命，同時也尊重自己！比如你曾經自殺過，那當然要懺悔；但不是因爲基督教認爲的，你意圖毀壞上帝造物的關係，而是你不尊重自己的生命！只要像這樣，對自然的罪惡感有深刻認識，你的心就會越來越平安。

重要的是感恩與慈悲

有一次學員請我去吃日本料理，快吃完的時候，老闆（兼主廚）和他太太一起出來打招呼。他問我們在做什麼事業，學員就告訴他，我們在推廣身心靈觀念與賽斯思想。當時我直覺感受到老闆的內心世界，就問他：「你開日本料理店，有沒有覺得自己是在殺生、自己是有罪的？」他用力的點頭。事實上，有很多賣吃的或是做屠宰業的人，潛意識裡面都覺得自己有罪；如果哪天得了癌症去寺廟祈禱，人家說不定還會告訴他，他是因爲殺生的果報才得這個業障病。

大家從今天開始，就要經常自我面對；你越是這麼做，心靈就越是平安喜樂。

於是我開導他說：「就佛教的觀點，你殺什麼都有罪，就連喝水把裡面的細菌殺了都有罪！但以賽斯的觀點來說，你只要做到三點就沒有罪。

「第一、不濫殺：你殺這些魚蝦是有目的的，是爲了謀生，滿足客人的需要，而非隨意宰殺。

「第二、以感恩的心對待這些生物：首先你要感恩天地生長出魚蝦來，並送到你面前；然後要感恩這些魚蝦能夠給客人好好的享用，同時帶給你富足的生活。

「第三、常懷慈悲之心：料理時不要帶給生物額外的痛苦，以尊重生命的心對待；隨時記得自己的目的絕非折磨這些生命，不要把日常積累的壓力和不滿發洩在流理台上。

「說起來很囉唆，其實重點就是兩件事：**感恩與慈悲**！例如你經營一家養雞場，就應該比一般業者更慈悲的來對待這些雞。其實口蹄疫、禽流感、狂牛症之類禽畜傳染病的起源，都是因爲人類沒有用感恩與慈悲心來對待這些生物。只要遵循感恩與慈悲的原

則，就沒有罪！不會造業！」

老闆聽完我的話，從此解開了內心一個很深的結。我本來就發現他有一點憂鬱，當然可能是因爲生意不太好做，但更多還是出於對殺生的罪惡感；如果不殺生也能維持生活，我想他是不會殺的。

總有一天要開始：學習與成長

這些事情，其實是人生中的必修課；即使現在不學，往生後還是要經歷這個過程。我們往生的親友也是一樣，他在死後的世界其實很開心，因爲他是去學習與面對很多身心靈成長的課程。我們現在學的這些，其實都是先修班；現在不上課，以後還是會強制入學。有一天你往生的時候就會發現：「咦？我怎麼已經有這麼多學分了？」因爲不知不覺中，你就正在經歷學習與成長！

結果，在一群差不多新鮮的往生者裡面，當別人還懵懵懂懂、搞不清楚方向的時候，你可以率先準備好探討更深的眞理；或是開始計畫自己的來世，像是要在哪裡出生、找誰當父母、要拉幾個兄弟姊妹、想當男生還是女生等等。你可是要企劃來世的整個因緣，當然會忙得不可開交。

爲什麼那些觀落陰的，只能找到往生不久的親人，沒辦法聯絡到過世比較久的人？因爲人家正在忙！還有已經回人間投胎的，當然也碰不到！而且親友要回到人間之前，經常會先給你通知，像是讓你做夢夢到他。比如說你的爺爺過世三、五十年了，現在要再投胎回來，就會通知地球上和他有親密血緣關係的人，以便重新和人間建立關係。

在傳統觀點下，我們以爲已經往生的親友一定很可憐、孤單，甚至是在地獄裡受苦。讀了賽斯資料之後，這些煩惱統統可以消除！當然，部分的自己還是會覺得不捨；如果有一天我的家人往生，我還是一定會哭到不行，因爲這是想念他、懷念他的自然反應。但我希望大家還是能持續前進，這樣一來總有一天，自己就有能力和往生的親友連結。我們不用等到自己往生、父母來接的時候才看到他們；我們可以修行到能與往生者

聯繫的層次，知道他們過得好不好，甚至是交換兩邊的訊息！

當然，這只是我們修行、學習的目標之一，這種事情強求不來，現階段至少能做到的事情是：

第一、抱著深深的懷念與感恩之心來對待家人。事實上，不論是生是死，我們都是和家人連結在一起的；不要以爲人往生之後就感受不到，只要進入比較深的出神狀態，或是心靈層面有所提升，就能感覺到這種聯繫。

第二、對於將來可能會陸續往生的親人，應該要安心送他離開。有人可能會擔心，自己對長輩不夠孝順，「住院一星期我才去照顧兩天，他會不會回來找我算帳？」關於這點大可放心，大部分人往生之後，都會帶著一種愛與和平的心，不會把人世間的仇恨繼續留在心中；因爲死後會有非常多人輔導他，讓他明白人世間的一切都是自己創造，就算別人怎樣對不起他，那也是他人生的功課及挑戰。我們都是這樣，抱持著成長、寬恕與自我面對的精神，迎向死後的生命。

所謂因果，也和前世有關。比如某人這一生吃了很多苦，遇到很多讓他受苦的人；也許那是因爲他在某個前世，也讓別人吃了很多苦，而且從來沒有自我檢討。當他往生之後就會明白「原來這本就是我這一生自我挑戰、自我設定的生命藍圖」，也會原諒那些讓他受苦的人們，因爲他們只是配合演出的稱職演員。更何況，也許正是因爲這些考驗，才讓他在這一世取得成功！所以說沒有誰會害誰，一切都是來自生命藍圖和人自己信念所創造的實相！

最後要提醒大家：以上所言是爲了幫助大家建立起正確的觀念，但是希望每個人不管是對親友還是家人，不要等到死後才表達感情。當我們還在這個世界上的時候，能夠直率地表達出感情，也是學習成長的一環！

我們願意為了興趣付出多少？那些說自己太窮、沒有錢投資自己的人，其實是窮在心裡。在這樣的時代，我們更要回到自己的力量和本分，專注於自身價值的完成。從信念、行動開始，相信自己專注在什麼事物上面，就會得到什麼。專注在貧窮上，你只會保持貧窮；專注於宇宙、心靈的豐盛，你的人生才會滿足。讓我們一起朝著這個方向前進吧！

Chapter 06

化解經濟壓力

克服不景氣：從改變信念開始

說到理財，其實金融和保險理論都非我專長，但是從賽斯心法出發，我希望各位牢牢記住這句話：**「不景氣是一種信念！」**當不景氣是很多人共同的信念、思維和感受，它就變成大家共同體驗到的實相；比如說股市崩盤的時候，內行人都稱之爲「信心崩盤」！

在《個人實相的本質》裡面，賽斯開宗明義就指出，要學會信念創造實相，一定要先明白：「這個世界沒有事實，只有信念。」比如說，你是位已經四十五歲，帶了兩個小孩的離婚婦女；你覺得自己很難再結婚，這是事實還是信念？如果你已經五十歲，身上也沒什麼錢；你覺得自己沒辦法成功創業，是事實還是信念？你今年八十歲，身體越來越差，也開始有性功能障礙；造成的原因是事實還是信念？這些狀況對很多人而言都是只能接受的事實，但其實都是信念的結果。

我們並不否定事實的存在，但是所有的事實，一度都只是信念。當我們混淆事實與信念的時候，就是人生不斷輪迴和痛苦的開始，因爲你會被困在種種限制、無奈、悲哀與沮喪中。學會賽斯心法的人，一眼就能看穿萬事萬物其實都是幻相的一部分，而所有幻相都是從信念開始；當信念到達某個濃度，就會變成你所經驗的事實。

有些事情你覺得是客觀的命運，例如不景氣；我們每天都在新聞上看到，又有哪家銀行倒了，經濟又緊縮了，股票又跌了。這一切都是眼見耳聞，每天發生的事實吧？可是即使這麼不景氣，還是有人賺錢啊！我有一位朋友，專門做故宮禮品，他常對我熱情述說新產品的事。好比有個展品叫做肉形石，就是長得像三層肉的玉石；最近他複製肉形石的產品已經通過委員會審查，就要上架了。他開玩笑說靠著這些三層肉、五花肉，今年的業績會增加兩三倍！可見大環境不景氣對他而言並未造成影響！

有一位學員是公司的老闆，他在全公司推廣身心靈觀念和賽斯思想，結果今年業績成長了一二六%。所謂不景氣，換個角度來看，也就是進入重新調整的階段。以前高科技要起來的時候，也是有行業開始不景氣；輕、重工業會興起，背景也是農業的不景氣。所謂不景氣，就是有東西下去，有東西上來；只是我們都在關注什麼東西下去，沒留意什麼東西正要上來。

你越相信「不景氣」這個信念，就越進入「蕭條」的集體實相；反之，沒有這類信念的人，就比較不受集體實相的影響。我希望大家開始改變自己的信念，告訴自己：「不景氣不關我們的事，我們可是景氣得很！」如果你的公司或自己投資的好幾百萬，眞的丟在金融風暴的坑裡了，那你應該記住「失之東隅，收之桑榆」這句話；如果有足夠的信念，還可以從別處收回來。

毒奶粉事件發生的時候，和奶油相關的奶油包、奶皇包的銷路都變差了；別人業績往下掉的時候，當時有家饅頭店，因爲不加奶製品，業績逆勢上揚。世間萬事萬物的本質，都還是要回到你的心念！只要改變自己的信念，不景氣就會離你遠去；不建立起不景氣的信念，在你的個人實相當中就沒有不景氣存在。能做到這點的人，運勢會越來越

旺盛，因爲個人實相是內在力量的展現，永遠勝於群體、環境由外而內的影響。而賽斯家族的共同信念，就是建立在這樣一種對自身力量的肯定之上。

各行各業的人都可能有這種心態：現在不景氣，大家不喜歡花錢、捨不得花錢，所以生意一定會變壞；其實正是這種信念，帶來了不景氣的事實。大家有了「信念創造實相」的概念，在生活中活用賽斯思想，即使是事實也可以被改變。賽斯思想就是這麼實用，絕對不是遙不可及的理論。

●回到本業，勇於開創

的確，大環境不景氣，已經出現了供需問題，全球金融也進入了緊縮階段。聽一些學者的分析，他們大多覺得要採取比較保守的策略。可是什麼才算保守？眞的應該要保守嗎？讓我們從不同的角度探討這個問題。根據身心靈的概念，我們應該回到自己的本業——做你最擅長的事物——不要貪心。

例如有位學員的本業是貿易和珠寶設計，雖然貿易受到了不景氣的打擊，但他還可以善用珠寶設計培養的美感；他後來學習油畫，想將自己所學應用在商業上，就特別到加州去，尋找能用家用烤箱燒出來的釉彩。他把這種我們在台灣從來沒看過的技術帶回來，自己當老師推廣瓷繪，開創出一番新局面，前後只花了三十萬元。我想說的是，很多人都有這筆錢，卻沒有這樣的勇氣與信念，不相信自己眞能創造實相。

你有什麼感興趣的事物嗎？你大可從本業跨出一步，追求自己的興趣。這時候重點是心理準備：「這是我的興趣，那怕不能大賺，只要能養家活口就好。」完善的心理準備帶來好的開始，好的開始就是成功的一半。很多專家都會告訴你，國家不能只靠對外貿易，還要擴大內需；人也是一樣，必須發展自己的特色和專長，達到價值完成、學習與成長。像前面舉例的瓷器彩繪，就算沒有賺到多少錢，至少是自己喜歡的工作。讓我們從自身的興趣開始，走一步算一步也無所謂；有一天當你眞正投入了，覺得這是自己喜歡的事物以及「價值完成」，就可以準備一筆創業基金，把這當成本業。**任何人都可**

以獲得成功，只要不貪心，並以價値完成的方向，來決定生命的挑戰與目標。

我相信時機本身沒有好壞。事實上，整個經濟風暴影響的範圍，和許多人都沒有太大的關係，只是多數人都過度感到恐慌。也許之前整個金融業太膨脹了，就像日本的泡沫經濟一樣，給人無所不包的感覺；然而膨脹過度自然會漏氣，經過這樣的考驗才能重新出發。我們該做的事情，就是抓對出發的「心」方向，搭上正確的列車。

也許在重新出發的時候，我們會看到一種嶄新的事物：**心靈產業**。近來我有個想法，大陸各地的賽斯家族可以組團來台，和我們一起嘗試結合觀光、旅遊與心靈成長的活動。我們會以花蓮賽斯村爲基地，試辦這樣的心靈產業，因爲我相信這有很大的需求與發展。我們在花蓮的鳳凰山莊有十二年租約，地底下兩、三百公尺就有溫泉；如果開發出來，可以和翠林農莊一起變成溫泉與療癒的社區。我舉這個例子是要證明：你可以在專注於本行的同時，不受本行的限制去追求興趣、獲致突破：就像我是正統的精神科醫師，自身知識卻可以用來建身心靈旅館、創造心靈產業一樣。

過去我都把這些概念用在協會和基金會這些非營利用途上面；但這些想法即使要作爲商業用途，也絕對是可行的！以將來人們對心靈成長的需求，這絕對可以變成正式的產業。賽斯家族的發展方向，除了繼續做慈善、基金會等公益服務以外，或許也會有一支朝商業方面運作，進行更多利己利人的創造。

舉例來說，也許兩、三年後我會成立一家賽斯身心靈醫院。在前半段的診斷、追蹤方面運用現代醫學的方法；後半段的治療、療癒則以賽斯思想爲主軸。我的腦海中隨時都有二、三十種可以商業化的步驟，也許我一生都不會去實行，但也可能拿幾種出來做；一切都是因我的興趣、我生命中的可能性。在這方面，我和所有學習賽斯心法的朋友們都一樣。

有些人認爲自己的工作是鐵飯碗、金飯碗，可以毫無問題地穩定持續下去。他們可能在健保局、銀行、郵局；可能是公務員或老師。當然事情能如他們所願是最好的，可是我想給大家一個概念：世事無常，沒有什麼地方絕對不會倒！就像誰也沒想到有一百

任何人都可以獲得成功，只要不貪心，並以價值完成的方向，來決定生命的挑戰與目標。

五十年歷史的雷曼兄弟會倒閉！所以說，如果一定要爲找工作定下基準，那絕非穩定性或收益，而是在於你如何實現自己。

理財是爲了價値完成

說實話，我並不鼓勵大家只爲賺錢而買基金、股票。股票不只是能換錢的一張紙，而是某家公司的一部分；你應該是眞的對那個行業有興趣，覺得有什麼東西觸碰到你的靈魂，然後才決定投入股市。不要只爲投機而投資，不要只爲了錢滾錢而花錢，否則你幾乎一定會賠！正確的理財應該是爲了興趣和價値完成，能夠利人利己、利益衆生！

近年來，大家都想玩錢滾錢的遊戲，結果就是許多掏空和倒帳的發生！那些大老闆不是在生活、不是在創造，只是出於對物質的貪欲而玩著金錢遊戲；沒那麼有錢的人就培養出刷卡的習慣，一個月就能刷上二、三十萬，想要滿足內心的空虛與苦悶，結果只是欠了一屁股債。這樣的人需要的不是花錢，而是充實心靈和內在。

有許多書大談錢滾錢的方法，而鄙視那些踏實生活的人；但其實踏實生活才是最重要的！挑選投資標的時，應該去找那些你感興趣、和本行相關的行業；而不是只因某檔股票有暴利可圖、能夠錢滾錢。投資是爲了滿足你的價值，只要你覺得能幫助自己的心靈成長就夠了，因爲這樣才能帶動生命朝有意義的方向轉變。

如果你的工作很穩定，我鼓勵你繼續這份工作，但是你也應該針對價值完成的可能性做些準備；也許你的兩、三種興趣中，有一種可以變成職業養活自己。比如說，有位學員以前是排球國手，但是運動員的全盛期有限，所以她活用自己身體柔軟的特點去學瑜伽，現在成了瑜伽老師；此外，她常去寺廟參觀，雲遊過全台四、五十間廟宇，所以她還可以組旅遊團或當導遊。我告訴大家，你能做的職業絕不只是現在這一個！

手頭有閒錢的時候，拿一點出來投資自己吧；別老想著要留多少錢給孩子，那不見得是件好事。投資自己的方式有很多種，好比你可以學瑜伽、社交舞或國標舞等，玩出很多花樣。也許你會覺得學油畫沒用，反正又不可能畫得像梵谷那麼好；可是學油畫的人將來不一定要賣畫，做磁繪、人體彩繪都可以啊！所以說，如果你有穩定的工作，可以再學兩、三樣感興趣的事物，也許將來某天會變成養活你的職業；即使不見得能賺大錢，至少會過得很充實。

如果你有經濟上的困擾，試著捫心自問：「我的經濟困難是眞的，還是頭腦想出來的？」大部分人的經濟困難，都是頭腦想出來的；他們覺得自己的錢再花十年就不夠了，或是一旦失業就沒辦法只靠存款生活。

然而統計資料顯示，其實台灣人很有錢，只是錢沒有流動，因爲很多人只想把錢留在手上。我們應該好好檢視自己的財務狀況，然後問自己：「我眞的有經濟問題嗎？或我只是因爲心境上的貧困與恐慌而捨不得花錢？」

如果你捨不得花錢，不是因爲習慣或內心的滿足，而是出於恐懼，就該矯正自己的信念與心態。賽斯說：**「你專注在什麼事物上面，你就得到什麼！」**我知道很多人都不由自主地專注在「沒錢」、「錢花完了怎麼辦」這類事情上頭，但正是這種心態造成了

自身的窘迫；其實只要你專注在宇宙的豐富上面，自然就能夠獲致富足。

保羅帕茲原本只是賣手機的英國佬，參加電視選秀唱了首〈公主徹夜未眠〉，現在有七千萬的身價。他其實不是普通的素人歌手，曾經專門爲了學歌劇去義大利，曾在帕華洛帝面前演出；後來卻禍不單行，接連生病開刀又出車禍而差點破產，可是他沒有放棄！又好比有人花六十萬學做饅頭、花三十萬學彩繪；我們呢？願意爲了興趣付出多少？那些說自己太窮、沒有錢投資自己的人，其實是窮在心裡。

我做自費門診，大家可能以爲來的都是有錢人，其實經濟狀況不那麼好的人比較多；因爲他們覺得值得，認爲這可以幫助他一輩子——這就是對自己的投資。保羅帕茲飛到義大利去學歌劇，寫《哈利波特》的羅琳一邊領失業救濟金一邊寫作；而我們學賽斯心法，光有信念還不夠，重要的是實際行動，改變自己的習性！

在這樣的時代，我們更要回到自己的力量和本分，專注於自身價值的完成。從信念、行動開始，相信自己專注在什麼事物上面，就會得到什麼。專注在貧窮上，你只會保持貧窮；專注於宇宙、心靈的豐盛，你的人生才會滿足。讓我們一起朝著這個方向前進吧！

不管是不是、有沒有、對不對、可不可以，去問清楚、面對並行動，當然就會成功！我常讓那些徬徨、迷惘的人自問：「這件事最壞能怎麼樣？」大部分的人都會回答：「沒有怎麼樣啊！」那為什麼還要逃避呢？我希望大家培養這種人生態度，勇於面對生命中發生的每一件事。只要能做到這一點，宇宙會給我們力量、智慧與勇氣！因為，宇宙的本質就是如此慷慨並充滿了愛！

Chapter 07

自我面對，不再逃避

防衛機轉：保護自己的心靈

「逃避」應該是大家很熟悉的描述。我們在人生道路上，也常會因自己或他人一直在逃避什麼而生氣。從心理學的角度來剖析，逃避本來應該是正常防衛機轉的一部分，和憤怒有同等的地位。我在門診治療過一位小朋友，他的自尊心很強、非常愛面子，因此常有台語「見笑轉生氣」的情況發生。如果他在班上的表現沒有馬上得到老師肯定，或是做錯什麼事情被指正的時候，他就會感到憤怒，和老師或同學起衝突。這位小朋友認爲「聲音比較大的人就是對的一方」，就像我們常在立法院看到的劇場型政治一樣。老師和同學都不願意接受這種做法，結果就是他來看門診，尋求改善自己被全班排斥的情況。這個例子告訴我們，憤怒是一種常見的防衛機轉，而且過度使用會造成問題；事實上，逃避也是一樣。

關於逃避，我先舉一個典型的案例：台中有位學員，在加入賽斯家族之前，經歷了

九二一地震。地震中他們家那棟大樓倒塌，她失去了先生和兩個小孩。其中一個小孩當時被她抱在懷裡，兩人都是昏昏沉沉的被埋了幾個小時；她在昏迷之前只記得孩子說自己感覺很冷——很快地小孩就因失血性休克死在她懷裡——然後她就進入了瀕死經驗。她的靈魂一直飛到天上去，看到觀世音菩薩之類的，然後又往下看到消防隊員挖開牆壁救出她。她的小腿完全斷了，是後來才接回，到現在還看得出凹陷的痕跡。

雖然在入院期間，醫護人員並沒有告訴她家人全部罹難的消息，但即使在出院以後的整整一年內，她也不願意面對現實，假裝全家人都還活著。比如說，她可能在吃飯時一樣煮一家人的分量、擺出四副碗筷；雖然只有自己在吃，她還是假裝全家人都還活著，還在和她一起用餐。她就像這樣封閉自己，不和其他人打交道，每天只和家人說話——其實就是自言自語——如此度過了一年時間。

後來她慢慢接觸到賽斯思想，走出家門去的第一個地方就是我們的分會。當她在課程中談到自己的經驗時，著實感動了許多同學。經過這樣嚴重的意外，家人全部過世以後，她就一直在想一件事：她能活下來必定有其意義，一定要將這意義找出來。她想起自己的瀕死經驗，感受到人有靈魂，肉體的死亡只是幻相，所以她決定要好好的活著，甚至活用自己的經驗去醫院當志工，幫助更多人。雖然這樣會讓她的先生、孩子在天堂等久一點，可是沒關係，在另一個世界不用太在意時間，四、五十年一下就過去了。

當我們回顧她剛出院那年的心理狀態，會發現其實那是種完全的否認：她不願意接受先生和兩個孩子都過世了。可是這否認其實是好事，否則她可能早就自殺。有時候，逃避和否認可以讓我們暫時不用面對巨大的痛苦；當我們在人生過程中，面對自己不能或不願承擔的事情時，首先想到的就是逃避。逃避在人類心理的防衛機轉當中，也許是最常被採用的一種。這種手法使用得當，在短期內很有效；問題是當逃避變成習慣或慣性，就會帶來惡果：無限上綱的防衛機轉，剝奪了我們解決問題的能力。我們會開始逃避和他人溝通；逃避親子或婚姻問題；逃避迫在眉睫的財務問題；最終不敢面對自己的人生。爲了矯正這種狀況，我希望大家從今天開始製作清單，看看自己到底在逃避什

麼。

●身體的病痛是最後一關

人們想逃避的問題有很多：家庭、親子、學業、前途、財務、老化、人際關係……這其實沒什麼錯，問題是到最後，你會開始逃避面對自己。不願意面對自己，就是人生所有苦難、病痛和折磨的開始。我曾在演講中告訴聽眾：**身體的病痛，其實是「生病」這個過程的最後一關；遠在身體生病之前，這人的思想就已經生病了**。擁有悲觀、負面、偏激、逃避的思想本身不是問題；問題是我們不能放任這些思想占據自己。

請大家不要逃避，試著去面對自己的內心世界。審視自己的思想、信念、起心動念當中，是不是經常有偏激、自我否定、悲觀、負面的思想。當你對每件事都覺得不可能成功，這就是種會侵蝕身體與心靈的疾病。應當注意的是，「負面」思想並不完全是消極的，仇恨與憤怒也是常見的負面思想，必須在全面的身心靈體檢中予以重視。

從現在開始，在自己的心靈世界中質問自己：「我的思想生病了嗎？我是否總是在每件事上看到不好的地方？」如果發現自己的思想生病了，就要試著去改變自己，多用一些正面、積極、活潑的思想，取代負面、噁心、討厭的想法。思想是種活物，會像病毒一樣繁衍、增生、產生生理效應；常對思想做體檢的人，就連生理狀況也會很快地改善。

除了理性，感性也很重要。我們要常常面對情緒，檢查自己有沒有生病。那些經常感到不開心、沮喪、憤怒、不耐煩、焦慮不安的人，應該回來面對自己，別再逃避下去。很多開店做生意的人，因爲不景氣而心情不好，卻不知道這只會讓不景氣更嚴重。所謂「景氣」其實只是一種信念，如果你對開店做生意的態度，是消極的要開不開，生意當然不可能變好。

我家對面有個預售屋銷售點，已經開了大半年的時間；我某天剛好有點時間進去看看，銷售小姐看到我穿涼鞋和家居服，就擺出一副愛理不理的態度。她大概覺得我是要

裝潢自己家，才來看看現在流行的樣式而已。茶、咖啡甚至ＤＭ都懶得給，我想看一看樣品屋，她還問我是不是眞的打算要買？她大概覺得，反正現在不景氣，這個人只是來閒晃的！像這樣把不景氣當成信念，擺出一張不景氣的臉孔面對客戶，生意怎麼做得成呢？如果你覺得不景氣是別人家的事，自己景氣得很，整個心情、概念不一樣，成果自然也不一樣！

就算今天你眞的碰到奧客，其實只要換個角度，也可以處理得很漂亮。有一次搭高鐵，我後面那個人比較沒禮貌，爲了搶位子一直推我——在我看來，他就是一副既粗魯又不尊重人的討厭樣子。可是我當下轉念一想，他小時候應該也是很可愛的，我可以用那個可愛的樣子來取代眼前的他；當我這樣做了以後，再看現在的他也沒那麼討厭了。所以說，當你覺得不喜歡、討厭某人的時候，心裡也不會感到開心；那些最不快樂的人，就是看什麼都不順眼，結果反而影響到自己。像這樣調整一下對方的形象，讓自己的心情變好，這不就是很大的好處嗎？到最後，受益人還是自己。看到別人的美好部分，或是鼓勵人家要提升的地方，其實也就是在無限擴展自己的心靈。

有位學員罹患了第四期鼻咽癌，之前因爲轉移已經拿掉了一側的肺葉，後來連另一側也發生轉移，卻沒辦法動手術，因爲再開刀就無肺可用了。她只能接受放射線治療，卻傷害到聽神經；本來要買助聽器的，接觸到賽斯心法之後，聽力自然恢復，她就把本來要買助聽器的錢捐給基金會。

這位學員剛結婚的時候，怎麼看先生都不順眼，兩人每天都吵架，夫妻之間很不開心；後來她開始面對兩人的問題，知道不能強求先生改變，要從自己開始改起。結果她現在覺得先生越看越可愛，自己也變漂亮了；心情變好以後，和先生也不再一直吵架，感情越來越融洽。她本來常常不明所以的生氣，現在卻對這個世界越看越滿意；我就告訴她說，繼續保持這樣的態度過活，即使是末期癌症也會好。

●選擇光明面

當情緒出問題的時候，我們會感到坐立不安和煩躁，此時要去面對這種感覺，用比較有幫助的情緒去取代它。我們應該當一個無可救藥的樂觀主義者，出於自己的選擇去看正面、光明的事物，即使有時變成搞笑也無所謂。面對情緒，找出自己不平衡、怨天尤人、悲傷、憤怒的地方，因爲這些情緒對你解決問題沒有幫助；試著控制無力感，因爲覺得自己沒用的人，眞的會變得沒有用。

面對情緒的第一步，就是製作一份清單，看看自己經常在什麼樣的情緒狀態當中。有了這份清單，才能計畫下一步的發洩或調整。許多成年人，都處於一種責任、壓力與不快樂當中，但這是可以改變的。有位學員以前在花蓮當老師，後來到了台北，就覺得台北人都很自私、冷漠、不容易交朋友。等到她慢慢把心打開，才發現台北人是「外冷內熱」。像這樣改變心境，情緒就會改變，同時也會改善自己周遭的環境。

有人覺得面對事情、不要逃避很困難，但那只是因爲沒有付諸行動。不管我們是坐下來自己獨自面對，還是找人來吐露心聲，**甚至不需要計畫什麼具體的步驟，只要下定決心去面對，就會自然而然知道自己該做什麼**。重點是將逃避限制在健康的防衛機轉之內，不讓它變成一種慣性，因爲逃避最終會變成麻木。一次有很多事情找上我們，當然沒辦法全部處理好；但即使是從最小的事情開始也無所謂，重點是在逃避其他事情的同時，要保持自己至少是在面對並處理一件事。這樣一來，我們至少還保有積極向上的動力。

舉例來說，國人大都不太願意面對「性」這件事，即使在夫妻之間也一樣。有位個案三十八歲，來看我的門診，每次都指定要安眠藥。有一次我忍不住問她是從什麼時候開始失眠，又是爲什麼會失眠。她說從二十九歲開始，先生就沒有和她行房了。她整整十年的青春，竟然都在做活寡婦，累積的能量完全沒釋放，像水庫到了滿水位卻不洩洪一樣，當然會出問題。我就勸她要認眞面對這件事，不管是先生的生理還是心理有問

只要下定決心去面對，就會自然而然知道自己該做什麼。

題，不管要做體檢還是夫妻諮商，總要下定決心找出辦法來，不能說想不到辦法就不去面對。事實上，大多數時候，都是要先決定去面對，然後才會找得出方法。

很多人都有一種心態，覺得先逃避就沒問題、沒事了，可以等到問題出現了再說。其實不是這樣，你要先具備不逃避的勇氣，勇於面對問題，然後因爲你願意面對，宇宙才會教你怎麼做；願意採取行動，就會帶來進步，讓問題朝向解決邁進。這個定律對生活、未來、人際關係中的誤會都適用。

瞭解我的人就會知道，其實我也是逃避型的人，個性愛好和平、懼怕衝突、希望大家都過得開心、什麼事都有快樂結局。後來我發現這樣不對，很多事不去面對的話，永遠都會在那邊困擾著自己。以前我念醫學系的時候，所學和賽斯觀念有很大的衝突。剛開始我也在逃避，人雖然有去上課，卻沒有眞的用心；直到有次再考不好就是死當的時候，我終於決定要面對，先考過了，再考慮要不要念下去。就是因爲我有勇氣踏出這第一步，才能順利度過了學生時代。

自我面對是我們一定要養成的好習慣，即使花一生的時間也在所不惜。逃避就像說謊一樣，套句我們都知道的老話：「說一個謊，要再撒十個謊來圓。」逃避了一個主要問題，接下來就會衍生十個次要問題；雖然當下不用面對那件事，但那只讓接下來需要面對的更多。

請檢視一下自己的逃避清單，有多少你一生都不願意去面對與碰觸的地方呢？不管是感情、前途、工作，還是某段心靈創傷——請用賽斯教我們的智慧來面對吧。宇宙很奧妙，當你決定要面對的時候，就會給你所需的勇氣與智慧；如果你選擇逃避，宇宙就會抽走你「不需要」的勇氣與智慧。這兩者是當你越積極面對，越能獲得的東西；相對的，你越是逃避，就越會失去解決問題的能力，直到最後無處可躲。於是你會發現，在人生的道路上，只要願意試著改變一下過去的模式，就可以發覺許多以前錯過的事物。

沒什麼大不了！

我最近看了一本叫《溫州人傳奇》的書，書中描述一些溫州人的理財觀念。有句打趣的話說，美國又多了兩個州，就是溫州和潮州，因爲他們都在美國炒房地產。溫州人有句名言：「敢面對敢吃苦的人，吃苦半輩子；不敢面對不敢吃苦的人，吃苦一輩子。」這就是一種勇於面對的人生態度。很多人會擔心，面對之後的結果更糟，甚至比不上現狀。其實這和「溫水煮青蛙」的道理一樣，溫度漸漸提高時還一直保持現狀、自我欺騙，到最後就會被煮熟。

願意面對之後，下一步就是採取行動。採取什麼行動呢？這不一定，但只要行動起來就好。一旦有行動，整體局勢也會開始動，動起來就可以運轉，有運轉就可以轉彎。人生最怕毫無動作、像一灘死水；有些人想一生都待在同一個地方，逃避面對未來，可是未來還是會找上他。有動就有機會，這就是所謂的「變爲（becoming）」。這個道理

不管在人生轉型、生涯轉變上面都一樣。

雖然勇於面對很重要，可是培養勇氣並不是擺出一副凶神惡煞的壞人樣，重點是願意在當下就釐清問題。我遇過一位個案來看門診，專程來抱怨老闆對他有多差勁、總是針對他之類的。我會問他：「你有沒有和老闆談過？」答案是沒有，因爲他不敢去。我一再向他保證，去談談看也無妨，他才願意去找老闆。結果才發現老闆根本不是針對他，只是最近外遇被抓到所以心情不好，表現在臉色和講話的態度上了。這位個案因爲這樣就以爲老闆要找他麻煩、炒他魷魚，自己嚇自己好幾個月。最後，這件事的結局很有趣：他送了老闆一本《許醫師抗憂鬱處方》！

我們在日常生活當中，常常喜歡發揮自己豐富的想像力，碰到什麼事都想猜一下背後有什麼黑幕，大家都在玩傳言遊戲，結果對狀況的猜測往往相當離譜。我想這是因爲，我們覺得「直接問」是蠢笨者才會做的事情，就像《十萬個爲什麼》是小朋友才讀的書一樣。這種習慣大概是在學生時期養成的，華人學生總想自己猜老師在講什麼，根本不會舉手問或想其他辦法來求證。事實上，我幫人做心理治療的時候，總是發現**那些看起來很複雜的病徵，只要和病人一起去面對，都能找出非常明確的癥結。**

馬來西亞推廣中心的主任，讀了我的著作《我不只是我》以後，就很想邀請我去馬來西亞。我們都不認識彼此，所以她只好一通電話打到台灣，也不管是誰接電話，就直接提出邀請試試看。接電話的工作人員覺得，馬來西亞好玩又有美食，重點是我還沒去過，應該會心動，就直接向我報告。結果我就這樣跑去馬來西亞，她非常驚訝，因爲我既不知道她的底細，也不知道她是不是什麼大人物還是小蝦米。於是她就很感謝自己這麼勇於行動，讓她能心想事成。和她相比，那些找一堆理由不去面對、整天只想著逃避的人，會覺得自己的人生很悲哀，不是沒有道理的。

有些個案問我，什麼是成功者的特質？什麼樣的人注定不斷在痛苦中輪迴？其實答案很簡單：只在自己心裡想像，結果當然是痛苦；具有成功特質的人，就知道要去問個一清二楚。不管是不是、有沒有、對不對、可不可以，他們會去問清楚、面對並行動，

當然就會成功；在此同時，失敗者還想著：「人家一定會拒絕我、搞不好連見都不見、這主意又爛得不可能成功、整件事都沒什麼意義……」像這樣在做之前，就找了一大堆理由想逃避，會成功才是沒天理呢！

我常讓那些徬徨、迷惘的人自問：「這件事最壞能怎麼樣？」大部分的人都會回答：「沒有怎麼樣啊！」那爲什麼還要逃避呢？我希望大家培養這種人生態度，勇於面對生命中發生的每一件事。只要能做到這一點，宇宙會給我們力量、智慧與勇氣！因爲，宇宙的本質就是如此慷慨並充滿了愛！

去感受不固執、不執著的人生觀吧！容許生命中的各種變化，也容許和周遭的人交換愛的互助合作；放下限制性的信念，讓你的生命中不再有執著。用心覺察自己，因為框架式的、固執的思考會在生命中築起高牆，讓你的思考變成走不出來的單行道。感受心靈能量的流動，感受愛的流動，因為在愛當中，會走出生命的創造力。

Chapter 08

放下固執的思想

有彈性的人更快樂

爲了放下固執的思想，我們要先覺察、觀照自己的內心，辨認出什麼思想才屬於固執的思想。基本上，那些讓你不快樂的思想，都可能是固執的思想，讓你執著到後來，自己和周遭的人都不開心。

我認識位韓國籍的醫師，一直想用身心靈的方法結合醫學來幫助患者，可是總覺得自己這條路走得很孤獨；她前幾天接到媽媽的電話，勸她回韓國重新發展，這讓她覺得連家人都不支持自己，受到很大的打擊。可是她後來決定，不要把來自母親的壓力變成自己的壓力，要一邊在台灣做好醫生這個本行，一邊學習身心靈的觀念；將來以醫生的身分推廣身心靈的觀念，豈不是更有說服力嗎？就這樣，她慢慢讓自己心安、讓自己肯定自己。

這位醫師會覺得孤獨、不受支持，是因爲她求學時的經歷：僑生在台灣經常會覺得

不容易融入環境，也比較難受到大家肯定。可是她願意慢慢去除自己這個信念，不以惡意揣摩他人；在這裡她除去的，就是所謂「固執的思想」。

在賽斯書中講到固執的思想時，用的詞是**「限制性的思想、限制性的信念」**。當他人受困其中，我們可以輕易地分辨出來，覺得他怎麼這麼固執、講不聽、思想太過主觀；可是輪到我們陷在自己固執的思想當中時，卻往往毫無自覺。有時候，一位能力很強或長期擔任領導者的人，會因爲自己一路上的成功，而慢慢變得自以爲是、漸漸聽不進別人的聲音，於是受到限制或進入瓶頸；這就是因爲他沒有發現，原來自己有這麼多固執的思想。

我們在人生的道路上，應該一邊發展，一邊確保自己具有彈性。其實我也偶爾會掉入這個陷阱，所以當我發現自己或周遭的人開始變得不快樂、或是覺得自己快要生病的時候，就會檢查一下心裡有沒有固執的思想。像我最近覺得足踝怪怪的，自我覺察之後發現，這是因爲我對於到處東奔西跑的行程覺得很累；昨天回到家的時候已經晚上十點，只能倒頭就睡，根本無暇顧及其他；對於這樣數十年如一日的生活，我開始有種心理上的抗拒了。

應該有很多人想問我：「這不是你想做的事情嗎？不是你自己願意去到處推廣的嗎？難道你不開心？」其實人生中有很多事情，剛開始都是你想做的，後來卻變成一成不變的人生。一名學徒第一次揉饅頭就上手，出師以後靠著揉饅頭賺了越來越多錢，這之間他一直都很開心；但之後他很可能會覺得，錢再怎麼賺也只是繼續賺，再也玩不出什麼新花樣來，反而失去了當年學習和創造的樂趣。

每件事情剛開始的時候，都是令人雀躍的發明、是創造力的展現；像我剛開始推廣賽斯思想，還在中華新時代協會的時候，大家看著組織不斷成長——民族西路、台中、高雄、三鶯、新莊、板橋、嘉義、台南——那時候我完全沒錢賺，但就是覺得很興奮，因爲我在推廣一個利益眾生的志業！

每個人在經營事業的時候，不管那是服裝店還是早餐店，都是在籌備和剛開幕的時

候最開心，之後就只覺得自己被綁住了；一開始我們是在過生活，後來卻變成生活在過我們；剛開始是創造與喜悅，後來則是風雨無阻的艱苦和必須盡的責任。我離開醫院自己開診所的時候也很開心，因爲可以實現自己的理想；後來卻有種被綁住的感覺。人生所有的快樂，大多是在我們剛開始創業的前幾年；人生所有的痛苦，都在我們創業成功後的下半輩子。剛開始很有趣的事，後來都變成日常生活中的框架，以及不得不去做的東西；人想做的事情，變成了必須被人做的事。這就是爲什麼人到後來常會變得不快樂。

●表現創造力，發揮持續力

我們應該容許自己，在生命中有時間和空間發揮創造力；當人永遠在創造中，自然就會感到快樂。眞正的問題在於，如何同時保有持續力與創造力。像我自認這兩種力量都很強，可以不斷想出新點子，然後持續做上好幾年甚至一、二十年；可是大部分人都只在年輕時很有創造力，總有一天會捨不得放下，於是他們的生活不再變化，變成只是個持續的過程，然後開始感到不快樂。正是這種不快樂，召喚出人生中許多無常的事，逼迫你重新開始變化與創造。

如果我們能夠在日常生活當中，隨時放下一些東西，騰出創造的空間，人生就可以有持續力、又有創造力的展現。這很有趣：如果人變動得太快，就很難獲得成功，因爲個性不穩定；如果人只有持續力，也不會成功，因爲會陷入停滯之中。當我覺察到一股內在的、心靈的衝動，開始抗議著想要變化；也許我下星期還是會照事先排好的行程去香港，但是我會先和身體對話：「不好意思，我知道你要抗議，但是請給我一點時間。」運用這段時間，我會在持續當中找變化，並展現新的創造力。

有時候我的時程表排得很滿，例如可能非去美國不可，但我可以不搭飛機改搭郵輪，目的地可以改成阿拉斯加！因爲我一生中最想去玩的地方就是阿拉斯加，可是我從來沒去過。以後我們在北美的工作坊，不管原來是在洛杉磯、多倫多還是紐約，都可以

改到郵輪上面舉辦；七天六夜裡面，有吃有玩有風景，又順道上工作坊。正事做完人就到了阿拉斯加，可以看冰河和極光！當我提出這個建議，不就是一種創造嗎？

每個人也應該容許自己的創造力表現，但不是要讓自己一直變來變去，變動的幅度最好與本業相關，就像郭榮芳會計師講的一樣：「先在本業當中做好，因著本業再做延伸！」我曾經和風潮唱片總經理閒聊時談到：「接下來我們賽斯教育基金會，可能會辦學校、做教育；再過幾年，要成立賽斯身心靈醫院；最後是『賽斯廟』，建立起我們的『心靈宗教』！但大家可別誤會，我這話用意並非搞宗教崇拜。賽斯廟不是給賽斯住的，是讓我們所有人都能找回自己是實習神明的本來面目；所謂心靈宗教不是傳統宗教，是讓大家能找回自己，賽斯只是引導我們而已。我們不用崇拜賽斯或許醫師，都不用！」將來這三大方向可以一起發展，我覺得太棒了！

在人生中，不要害怕你的創造力。爲什麼我想去阿拉斯加？因爲我想去體驗極北之處的永夜或永晝，親眼看著太陽在落下之前又升起。那對我來說，就是**「信念創造實**

相」的詮釋。在生活當中，我們所有人都想展現創造力，但在這之前，就必須先放下原來固執的思想。Anything is possible! 沒有什麼是不可能的！放下原來固執的生活模式和思維方式吧；你可以容許某一部分持續，但也應該容許某一部分去創新和創造。

所有人內在都有很多固執的思想，可能你自己都沒有察覺到。父母、鄰居、成長背景等都可能是固執的來源。在過去幫助過你、讓你更堅定的這些事物，在你慢慢成年以後，或許會變成一種限制，妨礙你的靈魂展現活力。大家聽我以前的演講錄音就知道，我剛開始講賽斯村的時候，連影子都沒有；我經常像這樣，實現自己隨口說出的想法。四年前我說：「賽斯村旁邊要有瀑布！」後來的實相果然如我所言。只要放下固執的思想，我們便可以一路實現自己的創造力。

人人心中都有愛

人們常受環境的影響，持有框架式的信念。只要放下它，你走在賽斯、身心靈這條

路上，就可以接收到許多內在的訊息。像我接受教育廣播電台訪問的那一天，就發現內在有強烈的愛的感覺跑出來！那種感覺讓我想到以前很多的學員，也讓我思考如何把這份愛化爲具體行動。有次我碰到一位好久不見的學員，就對他開玩笑說：「你很久沒來看我，是不是因爲現在找我不能用健保了？」沒想到他不好意思地點點頭同意了！那時，我的心裡還滿難過的。

後來我常常琢磨，要如何表達我對很多人的那份愛？因爲如果不付諸行動，愛放在心裡也沒人知道。這就是愛心教學門診的由來。其實這些都不是只爲了大家，而是爲了我自己的愛，爲了圓滿、滿足我心中的這份愛。當你感受到宇宙中愛的能量，就會希望爲了這份愛去表達很多東西；這一切不是出於憐憫或慈悲，只是因爲所有存在的本質，都是來自愛的能量。

賽斯說到人的內在時，提到有些人對動物有很多的愛；可是光愛動物不算是一種職業，愛動物的人要找到方法表達出來，就像當獸醫或開寵物店。一位深愛著寵物的人，不會賣寵物給虐待牠們的人，也會用心解決寵物主人遇到的問題。他開的寵物店不會受不景氣影響，因爲他是用愛在做生意；同樣的，生病的動物到了眞正深愛動物的獸醫手上，很容易就能痊癒。只是爲了賺錢而當獸醫或開寵物店的人、對動物沒有眞正愛心的人，縱使廣告打得再多，生意再怎麼紅火，碰到不景氣時就撐不下去了！

大家的心中都有一份愛，我們應該去感受它、覺察它如何從內在世界出來。然後，我們要因這份愛而採取行動。就像某位學員患有糖尿病，他心中有悲天憫人的一份愛，只是過去從來沒有發揮出來，也不知道怎麼表達；後來他找到了，獲得了快樂與健康，也和很多人分享糖尿病痊癒的過程。他告訴其他糖尿病的病人：「你們來學習身心靈健康，糖尿病會不會好是另外一回事，但至少你會開始快樂；快樂會讓血糖平穩，也許你會在平穩當中痊癒，或至少獲得控制。最重要的是，你爲心中對眾生的愛找到一個出口。」

●世界因我們而改變

賽斯家族，是一群在心中感受到宇宙之愛的人。因爲這份愛，他們會採取行動，利己利人、利益衆生。在我看到的願景當中，這世界因賽斯家族而改變：以前，許多人的原動力是恐懼而非愛；但之後就不同了，人們會用行動來表達自己的愛。對周遭鄰里有愛的人，會從早上五點到五點半，拿出掃把清潔社區環境；當他這樣做是爲了圓滿對左鄰右舍的愛，那份心情會讓人全身都開始發光。那不只是一份對左鄰右舍的愛，也是一份對衆生的愛。

因爲愛而採取的行動，是全世界最偉大的。很多人感受到心中的愛，卻不知如何採取行動；也有人連心中的愛都感覺不到，活在恐懼與匱乏之中。我想請大家時刻覺察自己的內心，只要感覺到心中充滿愛的能量，就應該立刻採取行動。比如說：你想表達對妻子的愛，很簡單！其實女人要的不多，也許你買一朵玫瑰花加一句「太太辛苦了」就夠了！因爲表達愛的行動，是全世界最偉大的行動，沒有大小之分。

有位學員送我三十幾株百合，我的院子裡都種滿了。過了一星期，我去看才發現只剩兩株，其他都被蝸牛吃掉了。我看著那些蝸牛，心中湧起無限的愛：「沒關係，還剩兩株就好！其他就給牠們吃吧！」父親說處理蝸牛很簡單，抓起來丟掉就好；但是我捨不得，因爲牠們也會痛啊！我是眞的覺得，生命都有自己的知覺。所以說，我會好好照顧剩下的兩株，讓它開出漂亮的花；但是蝸牛要吃也沒關係，這對我來說不算什麼，卻能讓蝸牛快樂。我從來不殺蟲或蝸牛，讓牠們把我的院子當成自己的樂園；結果每年六月，院子裡都長滿吃光草皮的青蟲。剛開始我很難過，就用筷子一隻隻夾起蟲，放到山坡去；現在我都不管，因爲發現牠們其實是在幫我修剪草皮，就像別家花大錢買推草機剪的一樣漂亮。這就是所謂「上天有好生之德」。

我希望大家一起來感受生命中的那份愛，因著愛去與你的孩子、配偶、家人互動並採取行動。比如某人開服裝店，生意不好快倒了，他應該改用賽斯心法、帶著愛的心情

來經營：「我希望這套衣服你穿上去很漂亮，因為我對你有一份愛。」一位建築師、建築工人，也該用愛心去蓋一棟房子：「我希望將來住在這裡的人很快樂，所以我不會偷工減料。」如果你是做饅頭的師傅，那饅頭應該是愛心饅頭，讓吃到的人都能感受到生命的充實和美好，也感受到製作者的用心。如果你的生活很快樂，一定是因為你生命的原動力來自愛。

以前像我這樣一個大男生，到處去推廣賽斯心法，還因為害羞而不想承認；可是現在回想起來，鼓動我到處去推廣、辦協會和基金會、當了董事長也從不支薪的原因，是因為我從小就確定：**自己的內心是愛著全世界的所有人，而全世界的所有人也愛著我**。我們小時候都知道這點，只是長大後常常視而不見。我們該拿心中這份愛怎麼辦呢？對我而言就是去推廣賽斯心法、去演講、帶著賽斯家族學習與成長，這是我展現對人們愛的方式。當然，展現愛的同時也要顧到溫飽，所以我成立診所和賽斯文化；「利己利人、利益眾生」當中也有自己。事實上，任何人只要能感受到心中那份愛，並因著愛採取行動，就是在全世界最大的幸運與創造力當中。

放下固執，擁抱自由意志

有一位母親，哭喪著臉來看門診。她的孩子讀物理治療系，只剩三個月的實習就畢業了，可是孩子堅持要休學。教授都說只要來實習就能過，孩子就是不願意，要放棄學業去當兵。媽媽很痛苦、難過，覺得大學六年都白費了。我告訴她說，我們還是該全力支持他完成學業，可是如果眞的不行，去當兵也沒什麼。媽媽擔心孩子沒畢業，未來會很辛苦，我就勸她放下固執的思想。「比爾蓋茲大學沒有畢業，卻創立了微軟；你的孩子不是比爾蓋茲，但他將來也會找到自己的機會與出路。」「大學沒畢業就沒前途」只是一種固執的思想，這樣的想法會勉強別人也綁住自己。

其實所有人都希望被信任，被給予空間與自由，限制越少越好。很多父母爲孩子想了、做了很多事，也同時給他們很多限制，這樣子小孩不會覺得快樂。你爲他思考的、

自己的內心是愛著全世界的所有人，而全世界的所有人也愛著我。

爲他做的一切，都會變成你對他的期待，壓在他的身上。反而你越尊重他，讓他爲自己的前途負責，他的回應就越正面。所以我對那位還剩三個月實習就能畢業的年輕人說：「你想不想完成學業都ＯＫ，那是你自己的未來和前途，你自己承擔就好了。不要爲了你的父母而念下去，如果要念也是爲了你自己；也不要爲了父母而不想念，先確定你是爲了自己而不想念。一旦你可以爲自己做決定，你就會有力量！」

放下固執的思想，去思考吧！那會讓你海闊天空。固執的思想只會綁住你和周遭的人，束縛住你的創造力、思想和行爲。有位學員說，她的癌症應該不會好，因爲全家人都需要她；兒子接一張饅頭的訂單也要問她，老公想去哪裡也要問她，她忙到沒有時間把病治好！我告訴她，是她需要那種被需要的感覺，那是一種固執的思想；她應該做到所有人都不需要事事依賴她，就像大公司的董事長不必親自去每間廁所補充衛生紙一樣。當然，如果她改變得太快大家會怕，但是可以一步一步來，直到最後最需要她的人只剩下她自己。

是的，最需要你的人是你自己！如果你的人生被所有人對你的需求綁住了，你不會快樂，因爲你的人生只剩下無窮的責任與義務；你做得再好，也只是讓其他人更加纏著你不放。很多人希望別人不能沒有他，像很多父母對孩子、夫婦對彼此都是這樣，結果就是讓對方變成不能獨立的廢人，還因此沾沾自喜。那些離婚夫妻之所以希望看到對方晚景淒涼，也是想證明對方還需要自己，和自己離婚是錯誤的決定；如果對方過得很幸福，甚至還會生氣，因爲在表面上祝福對方的同時，他的潛意識想著：「你以後就知道悽慘了啦！」其實事情根本不應該這樣，那只是盤據心中的固執思想。

賽斯思想一直告訴我們：**「愛是一種尊重，愛是一種自由；愛不是一種控制，愛不是對方不能沒有你；愛是對方縱使沒有你，他將來也可以很好。」**抱著這份心，你的心靈才會開展；抱著固執的思想，你就聽不進別人的聲音，也聽不見你的內在對你說話的聲音。有位學員得到小腸癌，最近一直在做治療，他說自己不曉得未來的方向在哪裡？我就讓他把這個問題寫成字條，然後塞在枕頭底下。他照做的第一天就做夢，夢到他在蓋房子，他們家原本就是建築業，所以他不太相信；第二個夢又是在蓋房子，他才相信這是來自內在的訊息，他就是要去蓋房子！

於是我請他幫忙賽斯村的建設，讓他學習做服務、做品牌，當成他建築事業的起點。賽斯村會是他的作品、成品，他可以蓋二、三十間小木屋，每一間都蓋得不一樣，放在他的網站當目錄，打出個人的知名度。如果蓋得又好、又省錢、又堅固、又美觀、又耐用，就會有很多人來找他蓋房子！這就是利己利人、利益眾生；這就是我們的直覺、靈感、第六感、童心、赤子之心和內在衝動的聲音。如果我們有固執的思想，這些聲音就常會被擋住。我鼓勵大家常常靜坐，就是爲了放下固執的思想，讓內在本我的智慧能出得來，也讓我們聽得進他人話語中的智慧和善意。

擇善固執也有變通

有些人，和他聊天簡直像在吵架，說兩三句他就聽不進去、開始反駁；其實所有人

或多或少都有這種毛病，我們也常常固執於自己的意見。但同樣是固執，也要分成兩種：一種是限制性的信念，另一種是堅定自己的擇善固執。有人建議我，推廣賽斯思想太累也不容易，我應該主推我自己就好；我當然會很固執，因爲我就是要推廣賽斯思想。可是在推廣的方法上我可以變通，因爲擇善固執是針對思想精神本身，一種方法行不通就該換另一種。當某種方法讓我們很痛苦，並不代表思想精神有問題，只是方法要改變；所以放下固執的思想，容許生命有更多彈性，反而更容易達到目的。

爲什麼人的年紀越大，血管越硬？當然是因爲他固執、思想缺乏彈性！如果某人年紀大了，思想還很有彈性、人還很好說話、生命中還充滿新奇，而不是永遠那麼主觀、固執，他的生命會充滿流動性，血管也會很有彈力。最近我勸一些門診的個案去聽賽斯心法，而且特別請他們不要只聽現在的演講，要連《未知的實相》、《個人與群體事件的本質》等一起學習，因爲這些對打破憂鬱症患者固執的思想、「非如此不可」的框架式思考很有幫助。人的心靈一自由，天地就自由了，從此海闊天空！

去感受不固執、不執著的人生觀吧！容許生命中的各種變化，也容許和周遭的人交換愛的互助合作；放下限制性的信念，讓你的生命中不再有執著。用心覺察自己，因爲框架式的、固執的思考會在生命中築起高牆，讓你的思考變成走不出來的單行道。感受心靈能量的流動，感受愛的流動，因爲在愛當中，會走出生命的創造力。什麼是創造力？就是「想一想也不犯法」的大膽作風；好比有學員想在洛杉磯成立推廣中心，只要不虧錢就能做了，有什麼不能想的？所以說，不要限制自己的想像力，然後慢慢付諸行動，就是成功的祕訣。

面對生命中的種種限制，試著去面對它、超越它吧！某人分享時談到畫畫，說他都不敢畫到框框外面；他應該試著去畫一張沒有框的畫，因爲在人生中，框框的外面往往別有洞天。我們經常自我設限，可是內在的心靈永遠不受限制，心靈的創造力也不受限制；我們應該思考，到底自己有哪些固執的思想可以放下？

如果一時想不出來，就去回想你的家人都是怎麼說你？你最好的朋友都是怎麼說

你？他們的說法不一定全對，但必有可取之處。尤其是和你在一起最久的配偶，肯定知道並能觀察出你的特點在哪裡；他說的話多數都是有道理的，只是你經常不願意承認。問問你的配偶和孩子都是怎麼看你的，可以找出自己很多限制性的、執著的、框架的思想。

既然我們是要放下固執的思想，去體驗放下執著、海闊天空的感覺，大家其實不一定要照我的方法去做。唯一的重點是去體會那份自由，同時不把期待強加在別人身上。當我們拿掉固執的想法，我相信各位的心靈能量、心靈內在的創造力、愛的能量與來自愛的行動，都會變得越來越棒！這是我給大家的祝福！

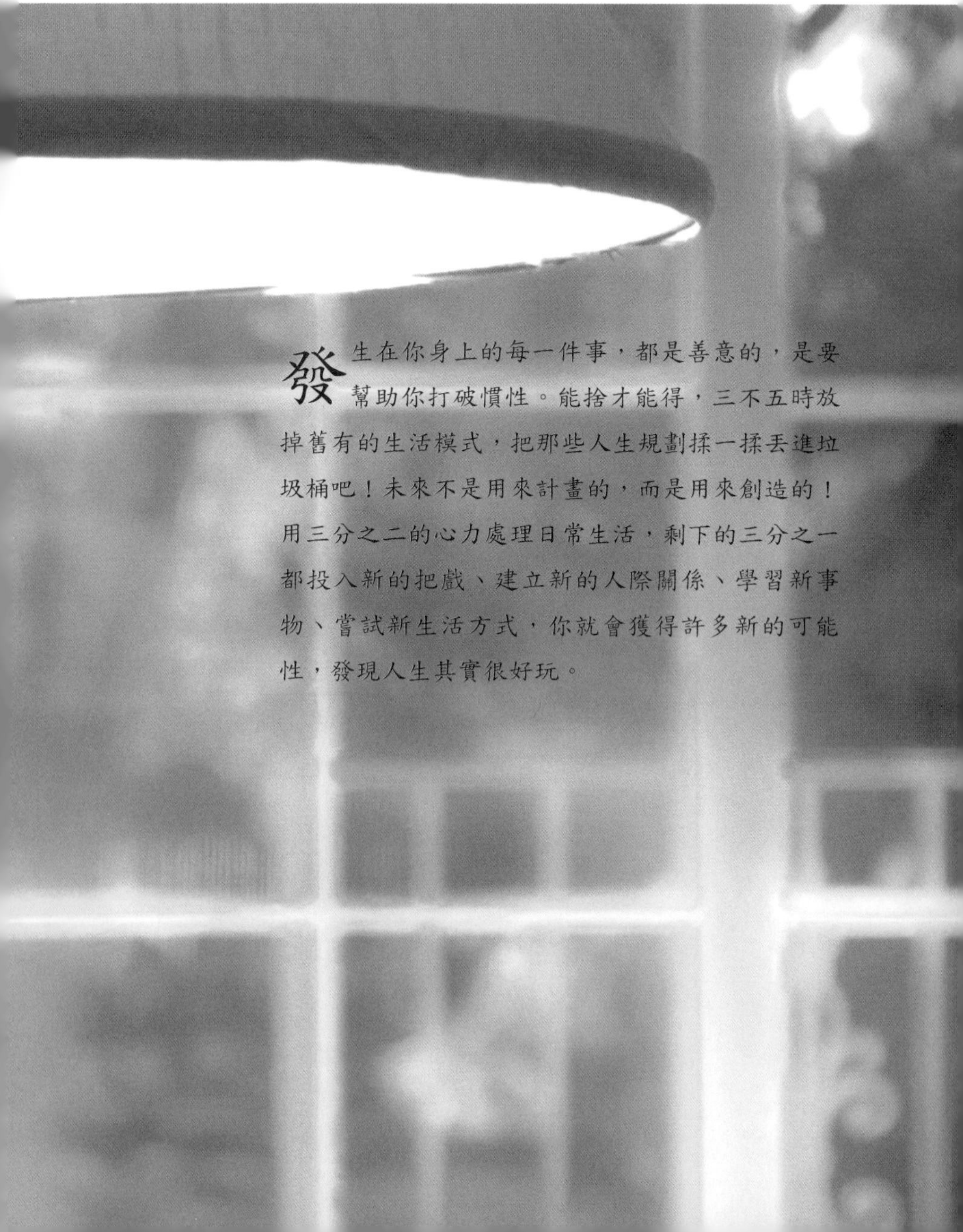

發生在你身上的每一件事，都是善意的，是要幫助你打破慣性。能捨才能得，三不五時放掉舊有的生活模式，把那些人生規劃揉一揉丟進垃圾桶吧！未來不是用來計畫的，而是用來創造的！用三分之二的心力處理日常生活，剩下的三分之一都投入新的把戲、建立新的人際關係、學習新事物、嘗試新生活方式，你就會獲得許多新的可能性，發現人生其實很好玩。

Chapter 09

改變慣性的生活模式

陰陽調和更健康

我覺得人的生活中，大約有三分之二保持慣性與持續性就好，剩下的三分之一應該空出來，可以玩更多新的花樣。一般來說女人比較健康、長命，就是因爲女性花樣多，比較容易打破生活模式中的慣性；而男性在工作上或退休以後，常會試圖保持一板一眼的樣子。

有次門診，來了一位年約二、三十歲的年輕人，我低頭看了看病歷，上頭卻是六十一歲，年輕人趕緊解釋他是代替爸爸過來；病人三年前被診斷出罹患攝護腺癌，今年年初轉移到多處骨骼和肺部。攝護腺癌到了第四期，爲了保命就得做出一些犧牲：像是因爲雄性激素會刺激攝護腺，所以患者要切除睪丸並服用女性荷爾蒙。這種治療法太過簡單粗暴，又會像這個案例一樣影響到自信心，也不敢說一定有效；但如何讓患者有機會體驗陰性與陽性能量的交叉運用，和宇宙的陰陽變化共鳴這件事，對攝護腺癌的治療來說，絕對有其必要性。

在《用心醫病》中我提過：男人過了更年期以後，他身上陽剛、權威的那種能量，和想要求表現的男性雄風，都應該慢慢轉爲陰柔的力量，而達到陰陽並濟的境界；如果某人的陽剛能量太強悍，又在退休後一下子失去了男性雄風和指揮權，他在心靈上就等於被閹割了，會使得其雄性能量失控；失控的雄性能量缺乏陰性能量的調整與中和，就可能形成引發攝護腺癌的能量。

我告訴這位爲了父親來找我的年輕人：「就我的經驗，攝護腺癌的患者通常是比較陽剛、權威的人，不久前才失去他擁有指揮權的舞台。」他非常同意我的話，並說父親就是在這個轉換的過程中難以調適。以前是單位的主管，能夠呼風喚雨，所有人都要買帳；現在轉換跑道，別人對他好像對店小二一樣呼來喚去，讓他感到很失落。因爲所謂的陽性能量，就是想要主導一切，讓別人聽自己的話；具有陰性能量的人，才知道自己可以被帶著走，能被動的配合而仍然保持自在，不必什麼事都想主導。

我認識一位陽性力量很強的人，完全不肯坐別人開的車，只要他在車上，就一定要掌握方向盤。即使你是要帶他去吃飯，或是邀請他到你家玩——就算那是他第一次去的地方也一樣——他一定要有主導權，不想坐在旁邊當乘客。後來我從這方面來檢視自己，覺得我在這部分比較自在，可以接受自己不開車，甚至還能享受當乘客。我的性格很有趣，某部分的我很堅持甚至是霸道；可是另一部分的我又可以很彈性，讓別人做決定、不一定我要作主，其實這就是種陰性的能量。

賽斯說，陰性能量與陽性能量相比，對宇宙有更高的信任，因爲有這種信任，才能讓別人帶著你走；陽性能量不信任任何人，所以一定要當頭帶著大家走，不能容忍其他人帶領他。可是這樣的能量會讓人疲憊。所以我對這位青年說，他應該讓父親慢慢接觸陰陽調和平衡的概念。他覺得這個主意很好，因爲他爸爸對道家思想略有涉獵。我又告訴他，切除睪丸與服用女性荷爾蒙，其實就是在藥理學上硬加入陰柔的能量；但是如果不在心靈層面上讓他接受，還是不會有效果。

什麼是陰柔的能量？用一句話形容，就是要聽得進別人的話。很多男人很主觀，其他人講什麼都不聽，這樣的一意孤行就是「孤陽」；以一般夫婦為例，夫妻之間誰比較聽得進孩子說話？通常都是女方。道家的「孤陰不生，孤陽不長」，就是在警告過猶不及的情況。當然，「孤陰」也不可取；女性到了更年期，就代表她必須開始讓陽剛的力量進來，不能老是沒有主見、什麼都怕，要學會承擔、作主、負責！女性會得乳癌，就代表她太不愛自己，只是一直對外付出，為別人而活。相對的，男性在更年期的時候，就要轉向陰柔，從嚴肅的爸爸轉為慈祥的爺爺，讓自己的心變得柔軟；不要帶著太多主見、固執、怪癖，不要什麼事都想作主、想當頭、想要端架子擺出男性雄風，只要跟著吃喝玩樂就好了。像這樣妥善調整陰陽的能量，就可以改善更年期的症狀，建立起健康、平衡的體質。

追求思想與心靈的自由

從「孤陽」的例子，我其實是想勸大家不要過度固執。很多時候，我們被自己的生活、工作、角色給綁死了，這與賽斯提倡的眞正自由相違背。賽斯說：**「眞正的自由是思想的自由！是心靈的自由！」**陷入慣性的生活模式，只是讓人覺得英雄氣短，不知道自己爲什麼而活；我們往往是在做和平常不同的事情時，才能眞正感覺到自己活著。好比有位學員非常勇敢、大膽，只打了通電話確定有地方住，就獨自離開久居的南部北上，只爲了看女性影展的開幕片；她只帶了兩只皮箱，就打破了原來生活的慣性。

許多父母對孩子的期許，就是念好書、找一份穩定的工作、有穩定的收入。可是這不一定是孩子要的東西，也許他想要過冒險的、創新的、有趣的生活；也許他不想被生活所馴化。所有人都有野性與獸性，想要改變與創新，只是長久以來都被綑綁住了；像那些容易得巴金森氏症的人，都有共通的不愛冒險性格，過著數十年如一日的生活，結

真正的自由是思想的自由！是心靈的自由！

果他們的生命實際上也就只活了那天而已！

其實人生充滿了各式各樣的可能性，就像一場冒險一樣！比如有位先生，他這兩年的投資，虧損大約一千萬；其中六百萬是過去的失利，四百五十萬則是被雷曼兄弟連累了。他每天寫好幾百封信，向各種單位陳情，只差沒有寄到火星去！可是往好處看，這就是打破了他生活的慣性；本來能讓他舒舒服服過完下半輩子的一千萬飛了，卻給了他新鮮的生活刺激。別忘了我們是來地球出差、旅遊、學習、考察兼玩耍的，他遇到的事情其實是潛意識想要開始新的冒險！有一千萬擺在那裡的人，永遠都有退路，所以做什麼都可以不在乎，只是混日子；現在退路被斷了，要開始玩真格的了，才能真正體會到各種有趣的事情，不是嗎？

命運就是這樣，不知道什麼時候就會發生某些事，瞬間讓你的生活變天。像在德國就發生過，夫妻兩人結婚沒多久，太太回到家就發現先生和他的東西都不見了！這看起來當然很慘，但生命中的無常絕非惡意，而是要逼你打破慣性。人有一種惰性，當我們

習慣某個東西，就像溫水煮青蛙一樣不思改變；你明明不快樂、不開心，可是只因爲你習慣了，惰性、慣性和習性就會說服你相信，一路下去都是這樣也沒關係。可是你的靈魂不會這樣就放過你，而是會準備各種「驚喜」等著你：損失幾百萬也好、得了癌症也好，都是爲了打破你明知是痛苦卻無力改變的生活慣性，讓你拿出力量去改變；不管你想用什麼藉口延續原來的生活，都會以讓你眼冒金星的一擊予以粉碎。

我們常因精神上的懶惰，而持續過著只有慣性的生活。但宇宙的本質是慈悲的，發生在我們身上的每一件事也都是慈悲的，是要幫我們打破不健康的慣性。我們每個人都要做出自己的選擇：要自己改變？還是等著命運給你一記右勾拳？我希望大家一起仔細考慮這件事，因爲人生中眞的有很多無常，你永遠不知道明天會發生什麼事。最近我聽到新聞說：以後台北飛上海只要八十二分鐘，比從台北搭高鐵到高雄一百分鐘還快，兩岸一日生活圈即將實現。許多東西都像這樣處於變化當中，可是我們常因內在精神性的懶惰，習慣某樣東西以後就不思改變，縱使它會帶給我們痛苦與悲哀也在所不惜。

命運的本質，就是會莫名其妙的發生任何事；也許是受傷、疾病，或突然遇到讓你心動的異性。命運會引進能改變生命的因子，就賽斯心法來說，那也是你渴望改變的潛意識所吸引來的。就像古人說我們要「順天應人」，要順著內在的衝動而不執著；《道德經》的「上善若水」也是這個道理，當你像水一樣，可以做有彈性的變動時，心靈就不會僵化。所以我對發生在自己身上的每件事，都抱著一種接納的心態；這不代表我不會生氣，只是我不會因此而動搖，反倒會去積極的順勢而爲。不要對已經發生的事情感到憤怒、抗拒與否認；應該把這當成難得的機會，順勢去改變自己並調整生活中的慣性。

●容許自己出錯

我建議所有人都拿掉自己框架式的思考，不要強求自己一定要如何，要求每件事必須怎麼發生。讓自己的生活更有創造力，不預設教條式的目標和方向，這樣生命就不會

僵化。因爲所謂的創造力，就是一種「我怎麼知道？」的態度，包含來自內在的感動。我寫過一本從賽斯觀點看聖經故事的書，書名是《許你一個耶穌》。曾有人和我討論，提到裡面有一段，從賽斯觀點談靈魂永生的部分；賽斯提及：「耶穌其實沒有被釘十字架，被釘的是另一個人。」他說，他好不容易讓太太開始學習身心靈的觀念，結果太太看到這一段就拒絕了！因爲這個故事顚覆了基督教最核心的價值：藉由耶穌被釘死時流的寶血，衆生的原罪才得以洗淨；如果十字架上的不是耶穌，整個教會的信仰基礎都將不復存在。

我告訴他：這本書眞正的本意是告訴大家，即使耶穌沒有被釘在十字架上，也不貶損他對世人的愛；而原罪也不是一定要藉由耶穌流血才能得到赦免，重點是了悟到恩寵的狀態，知道當你不犯自然的罪惡感，就能回歸到恩寵之中。這樣不是更接近我們內在的智慧與精神嗎？我們要超越那個原始的、犧牲誰來拯救誰的概念，才能對基督精神有更深的認識。

就像這樣，我一直在生活中嘗試改變自己與團隊的慣性。好比上星期我去了新竹東門國小演講，我是第一次去那裡，才知道他們有一個市政府補助建立的演講廳；十一月要去廣州，也是我從來沒去過的地方，覺得很新鮮；如果英文著作順利出版，四月要在美國紐約辦簽書會。能有這些機會，都是因爲我們勇於創新，不墨守成規。

很多人在生活中建立起常規，是因爲他們不太容許事情出錯。可是一些最偉大的科學發現，往往是在錯誤與意外之中；不管你有多討厭人生中的意外，但人生中最有價值的經常也是意外。希望所有事情都在自己控制下的人，希望孩子、配偶、一切都在自己的計畫之中，那活著還有什麼樂趣可言？我就從來不會去計畫自己的人生，只是盡情創造自己想要的東西。

我們常聽到老年計畫、退休計畫，很多是出自想要掌握命運的自我意識。有對夫婦準備一起退休，在龍潭買了一大塊地，農舍也建好了。先生的公司希望他能盡量把經驗傳承下去，所以退休的時間延後了幾個月；就是在這幾個月之中，先生於大陸的工廠遭

遇意外過世了，眞是計畫趕不上變化！太太知道這個消息以後，完全不知所措，也沒有告訴任何同事這件事，因爲這完全不在她的計畫中！

其實不只大略的計畫，我們常連一些小細節都想控制；但人生總像一匹脫韁野馬，試圖逃出我們的掌握。什麼品質管控、流程管理，經常都在大大小小的意外面前敗下陣來。以乳製品爲例，事前有消費者想到奶裡面竟然加了三聚氰胺嗎？這些意外有助於打破我們的慣性，所以我們應該換一種心態來迎接它們；甚至更進一步，不是坐等意外前來，而是主動上前打破自己的習慣。

有句老話說「能捨才能得」，其中一種意思就是捨去你慣性中的生活模式與角色。許多太太因爲先生的外遇，開始自立自強，找到自己的力量；也有人等半天等不到愛，只好自己來愛自己，最後主動找到自己所愛的人。所以談到命運，我想建議大家主動打破生活的慣性，因爲生活應該是不斷變動的過程，帶著冒險與新奇的變化。**我們內在抗拒變化的力量是出於害怕，這時你應該自問：「最壞的狀況會怎樣？」大部分情況下，**

答案都是「不怎麼樣」！於是你的生命就會有很大的變化。

有位學員是藥師，之前在家族開的藥廠工作，現在則是在私人診所，一直不快樂。我告訴他說，如果有興趣的話，他可以在新竹開一家賽斯推廣中心，自己當主任。有地方就定點運作，沒地方就在家接案子來做，很簡單的嘛！好比對青少年、兒童方面有興趣，就專門對輟學的問題兒童、青少年加強輔導，做心靈對話，引導他們走向正途；再吸收一些有愛心的大學生，可以輔導這些小朋友。這樣一來，我們可以幫助這些被父母忽略、得不到愛的小孩，引導他們找回自信心。這麼好玩的事情，就是一種打破慣性的行爲；所以當各位在人生中受苦、受難的時候，你應該問問自己：「這是不是我打破慣性的機會？」

迎向未來

當悲觀的人看到危機，樂觀的人則是看到轉機，重點是你想看哪一邊？比起懷念過

去有多好，更重要的是迎向未來！我希望大家，在慢慢學習這些觀念的時候，內在會有東西發生變化、產生留白、打破慣性。這樣一來，當時機來臨，你內在的感應會出現，外在也會有相應的機會產生，帶來幫助你的貴人。

一位學員之前開服裝店，生意做得要倒不倒的。後來賣掉房子，女兒也出了些狀況跑來找她，和父親又處不來……種種事端讓她開始重新安排未來的計畫。她之前還對我說：「許醫師，我賣掉房子以後，想要把錢全部花完，到沒錢的那天就去自殺。」我勸她說：「不用這樣吧！你有三、四百萬，不要亂花錢，應該投資自己；趁這一波房價在跌，回金山去買棟透天厝，一樓當店面，二、三樓就是住家；店面當然可以重開服裝店，但也可以當賽斯文化的推廣中心，剛好打破慣性，開始新的生活。金山聽起來很遠，其實走二高到台北只要半個小時，很方便！這樣子比起之前生意要垮不垮的時候，不是好多了嗎？」這就是打破舊慣性，迎向新人生！

順著內心的衝動，就你學習和成長的程度轉變；當命運的無常襲來，要當成轉機順勢而爲，這樣就能達到海闊天空的境界。像我之前在大陸做推廣的經營團隊，因爲他們比較忙，無心運作這一塊，就提出要換人的建議；我欣然同意，便換一組團隊來辦理，打破過去的模式，結果也獲得了成功。這就是因爲我能克服心理上的障礙，改變自己的習慣。這個世界的變化越來越快，以前北高坐飛機要一個小時，火車、巴士要四、五個小時，後來有了高鐵才變成一百分鐘；現在呢？台北到上海才八十二分鐘！許多事情都在改變，所以我們要隨順命運的趨勢，跟隨內在的動力，參照心靈的地平線而改變自己，接受生命的挑戰。

記住，**發生在你身上的每一件事，都是善意的，是要幫助你打破慣性**。能捨才能得，三不五時放掉舊有的生活模式，把那些人生規劃揉一揉丟進垃圾桶吧！不要寄望於計畫，因爲更重要的是創造力；未來不是用來計畫的，而是用來創造的！

就像我先前所說，用三分之二的心力處理日常生活，剩下的三分之一都投入新的把戲、建立新的人際關係、學習新事物、嘗試新生活方式，你就會獲得許多新的可能性，

發現人生其實很好玩。人生不只是過日子、討生活和苦難；人生可以很有趣、創新、像遊戲一樣。

最近到香港的機場，發現他們一直在改變。很多人上公共廁所的時候，會在坐墊上蓋衛生紙，可是這樣既麻煩又浪費紙；現在他們提供消毒水，讓人既安心又方便。有位學員開了家製造洗手液的工廠，我就請他想像一下這點子，看能不能讓所有馬桶都用上這東西，既環保又符合很多人的需求。這就證明了，改變舊思維方式，就能創造出許多新事物！

其實這個做法我過去在醫院早就實行了，因爲酒精消毒液在醫院是隨手可得的東西；我在香港機場發現這件事的時候，有種「英雄所見略同」的感覺。光是這樣我就覺得很開心了，你們看，生活有多容易！所以說，打破慣性思考、拒絕慣性的生活模式，你眞的會覺得生命海闊天空。我們越是約束自己，就越沒路走；只要放開限制，其實條條大路通羅馬。很多人總是這個不行、那個不行，什麼都行不通，往哪裡看都是死路一條，人生很無奈；學了賽斯心法就會發現，這條路也很好，那個想法也不錯，其實每條路都是活路，而且還很好走！

人世間的所有失敗都可以是幻相，可以讓我們的心靈真正成長，導致心靈的解脫與開悟！能體會這點的人，他的人生一定是成功的，因為人世間的一切，其目的都要歸結於此；我們不是為了事業成功、婚姻美滿來到世界上，而是為了在人生的挑戰中，找到超脫世俗的喜悅。如果你在一生中經歷的一切失敗，最後能帶給你心靈上的覺察、喜悅和開悟，那麼這些失敗就都是成功的、值得的！

Chapter 10

釋放負面情緒

負面能量導致疾病

有人問賽斯，他的世界和我們的有什麼不同？賽斯說：「你們這個世界是體驗到精神事件的具體化版本。」我們活在物質世界，可是這整個世界和其中發生的每件事，都是從精神事件開始。比如說，學員來我這裡上課，是因爲他們有想這樣做的念頭。這個念頭在還沒成眞以前，就是一個精神事件；而當人們眞的採取行動到我這裡來，就是讓精神性變成物質性。賽斯的重點在於，當我們遭遇到已經具體化的物質事件，要能夠覺察其中包含的精神事件。

有位學員在例行體檢中，意外發現膽囊中有黑色素細胞瘤；還有位雜誌記者，本來約好晚上六點來採訪我卻突然取消，因爲他突然被車撞了。我們把這些視爲突發事件，是因爲我們只能在物質世界遭遇到事件的實質版本。可是就像禪宗修行中的大哉問：

「尚未來到人間之前我是誰？尚未具有肉體之前我是誰？當拋棄了肉體之後我又是

誰？」賽斯也要求我們思考：「那些還沒物質化的事件到底在哪裡？它們是否以精神形態存在，只是我們還沒遭遇到？」

明天早上會發生的事情，我們現在當然還沒遭遇到；但它仍在精神性的世界中，存在於心靈時間的現在，只是要等到物質時間的明天才讓我們體驗。所以，我們人生中還沒遇到的事件，並非不存在於任何地方，而是好端端地位於精神性的世界。對賽斯來說，他不需要等待事件物質化，可以直接在精神的層面遭遇與面對；他無須將精神事件，轉譯爲物質時空中的具體事件才能體驗。

某個星期五下午，我坐車到台中去，然後整晚都在開主任會議；星期六早上開董事會到中午，下午在台中縣立文化中心演講，晚上爲《未知的實相》帶讀書會，結束後坐高鐵到高雄；星期天早上是《靈魂永生》的讀書會，下午是演講，晚上在高雄凱旋醫院的忘憂草協會，爲憂鬱症患者講《心能源》。像這樣的行程，就是我普通的日常生活，這麼多年下來當然會累；但是像我這麼省油、耐操、拚第一的心靈導師，很難老實說出自己累了。大多數人就像這樣，不知不覺在日常生活中累積負面能量，即使是我也不例外！

那個星期六晚上，我累到一邊躺著休息一邊喊著想休息！真正疲勞的時候，就是這樣越躺越累！那時候我完全可以體會，爲什麼很多憂鬱症患者，在床上躺了幾個禮拜還在喊累；那完全是因爲，他之前累積了太多負面能量。於是我開始思考這麼多年來自己辛苦的東奔西跑、不得休息，並宣泄出內心的感受和負面能量。我開始呻吟著輾轉反側，重複唸著「好累！好累！好想休息！」來逼出負面能量；如果當時沒有逼出那股能量，我可能會大病一場。

其實像乳癌、膽囊癌、直腸癌、肺癌等等，以賽斯心法來說，都是因爲負面能量沒有逼出來所導致；許多內臟問題和身心疾病也是這樣。當然，婚姻和工作都很辛苦，不工作在家更辛苦；有小孩的很辛苦，沒小孩的更辛苦！於是我們的內心經常在不知不覺中，累積很多不快樂與負面的能量，一定要逼出來處理掉才能保持健康。所有人都有許

多委屈和負面因素，卻因爲工作太忙之類的原因沒機會訴說出來；等到生病了，沒辦法再去忙其他事，才發現到早點著手於此有多麼重要。

●爲心靈排毒

如果你很久沒有大笑過，又難以感受到快樂的情緒，就代表你的五臟六腑已經累積了太多毒素，也就是傷心、憤怒、疲倦等負面能量；這其實和中醫所說，人會生病是因爲「五臟六腑氣鬱結」一樣。大多數人沒有好好清除這些毒，等到事態嚴重才肯面對，那時毒素已經兵分三路——生理、心理與命運——發作了。生理上，會造成身體直接的病痛；心理上，導致憂鬱、焦慮和沮喪等心理疾病；甚至還會直接變成人生中負面、不好的命運，像車禍或是被倒會。這些都是因爲當事人沒有在事態嚴重之前，爲負面能量找到安全的出口。

有位個案是一貫道的成員，最近去參加法會的時候，和師兄發生一些衝突。她的個性比較膽小、內向，所以想再去參加卻又不敢；結果待在家裡的時候，突然就有一個馬克杯掉下來，砸中她的腳就算了，竟然剛好砸到肌腱斷裂。我告訴她，這就是因爲她的內心在想去和不敢去參加活動之間掙扎，這種矛盾的負面情緒就導致了這件事。總而言之，除了像這樣吸引不好的命運之外，負面情緒還會直接導致其他像糖尿病、高血壓之類的病痛，以及心理上情緒和睡眠的問題。

對我來說，如果那個星期六晚上沒有好好宣泄出毒素，負面能量就會直接變成生理上的關節炎；這在過去發生過好幾次，每次都是同時發燒和發冷。這就是負面能量累積太久的影響，只是我們常常是後知後覺，在變成生理疾病之前都沒有察覺與處理。但是接觸賽斯心法以後，我們就能在負面能量集結、凝固、形成具體的肉體疾病之前化解它；學了賽斯心法，我們就不必再等它變成高血壓、糖尿病、癌症、類風濕性關節炎才治療，而是在能量層面上化解掉。即使你現在已經有肉體疾病，也可以獲得緩解甚至治癒。

有位學員很有能量，熱情像活火山一般不斷噴發。可是她先生個性溫吞，怎麼打罵他都沒有回應，就像拳頭陷進棉花裡一樣，所以她的熱情被壓抑住，找不到出口。結果就是她對大兒子很不好，常常讓自己的情緒對他爆發出來，到現在她談到大兒子的時候還是很難過，覺得對不起他。像這樣熱情與自責拉鋸的結果，就是她得了黑色素細胞瘤，先襲擊了膽囊，再從臉上的傷口噴出來！如果累積了太多負面能量，毒素就會如此到處流竄！這就證明了妥善處理、發洩和宣泄負面能量有多重要。這個作法可以幫助所有未來可能會生病的人，或是現在正在生病的人。

先前提到，我在那個星期六晚上搭高鐵到高雄。當時我坐21:30發車，22:18到站的班次，我在台中就發簡訊通知高雄分會主任，請她開車在到站時間過來接我。結果我在高鐵出口沒看到她的車，她的手機不通，家裡電話沒人接，我又沒有高雄分會的電話，只好站在那傻等，等了半小時車子才姍姍來遲。一開始我是很生氣，但是賽斯心法的修行是分分、秒秒、時時、刻刻、行、住、坐、臥，即使只是在等待的時間中，我也在創造我自己的實相。當時我自問：「爲什麼我會吸引這件事的發生？以前我也來過高雄很多次，爲什麼只有這次出錯？」這一定和我的負面心境有關，也就是「屋漏偏逢連夜雨」；當我們處在負面心境的時候，什麼狗屁倒灶的事情都會發生！所以我們不能只怪那些讓自己生氣的人、事、物，而是要常常反省：「自己當時是在什麼樣的心境當中，以至於把這件事情吸引過來了？」因爲大部分的壞事，都是由自己的負面能量所創造的。想明白這件事，你的心就會突然寬闊起來。

有時候，我們會在激動中迷失，直接遷怒於別人身上。比如先生在公司不順利、業績不好、被老闆罵了，回到家又看到太太打破盤子、小孩考卷滿江紅，一腔心火都被點著了！可是這樣一時衝動的結果，對彼此都不好；學會適時適地適量地釋放負面能量，你會發現很多事情都在變好。像高雄分會主任，她後來就稱讚我，說我變得更有度量了！我當時心想：「對啊，主任沒有變，變的只有我，光是這樣就百分之百有用了啊！」

很多人都希望外在世界改變，覺得先生改變了、婆婆不找麻煩了、工作變順利了，自己才會感到快樂。其實只要我們先改變自己的心境，世界也會改變。有位學員在還沒開竅的時候，只要太太從高雄打電話，抱怨一些這間房子要整修、那位房客又惹了麻煩之類的事情，他就抓狂、不爽，覺得自己在台北要上班，老婆住高雄比較近，這種事她自己處理就好，幹嘛找先生？可是現在的他不同，覺得這是老婆器重他的表現。也就是說，當你的心境一改變，即使別人的模式、言行、修行、修養都沒有改變，世界也會隨著你的心一起變得開闊，而你的命運也會跟著改變。

許多人一直過著倒果為因的生活，像是一定要看到兒子考上大學、女兒順利結婚才安心，結果被實質的事件綁架了；只有開闊的心、平安的心，才能帶來開闊平安的世界。高雄分會主任，以前常常成為我投射、宣泄負面能量的被害人，但是她也並非全然無辜，也吸引、創造了她遭遇到的實相，因為實相是一種共同創造。**世上沒有外境，只有心境；沒有肉體，只有心靈**。這就是兩千五百年前，佛陀所說的「萬法唯心」！所以說，我在宣泄負面情緒的時候，其實是在模擬負面情緒引發關節炎的痛苦，這樣我就不用等到眞正發病的時候，才眞實地去體驗那種痛苦。

當我們參加情緒工作坊、憤怒工作坊，在裡面「做亂語」的時候，其實就是在喚起並處理掉負面情緒。我們會高聲地慢慢呻吟：「我好累！好想休息！我好委屈！我好可憐！我好辛苦！我好難過！好傷心！我好憤怒！我好害怕！」透過這樣的碎碎念，我們的憤怒會起來，帶出負面能量，會眞的進入到那種心情、情境、委屈、憤怒、難過、傷心、疲倦、輕生、失戀當中，釋放出日常生活中累積的所有矛盾、痛苦、傷心之類負面情緒。希望大家都能像這樣子，不管是參加團體也好，利用獨處的時間也好，盡量找機會發洩自己的負面情緒；舉例來說，很多人會利用淋浴的時候，一邊沖水一邊哭泣。當然，還是要以不傷害他人和自己爲原則。

世上沒有外境，只有心境，沒有肉體，只有心靈。

情緒的加速度

那個星期六，當我宣泄完負面情緒以後，就突然覺得靈台一片清明，好像毒素都逼出去了一樣！雖然俗話說「男兒有淚不輕彈」、「男兒膝下有黃金」，但爲了釋放負面能量，就算是在地上爬也沒關係！尤其是癌友們，一定要每天做這種練習，每次都花上三十分鐘的時間，將內在的任何情緒——懦弱、恐懼或悲傷都好——盡情發洩出來。重點是不要顧慮世俗的眼光，像瘋子一樣眼淚與鼻涕齊飛；這是爲了排除我們保持理性太久、所累積的許多情緒毒素。

信念與情緒是相對的，我們有多少負面的信念，就累積了多少負面的情緒。就像物理學中，質量越大產生的重力越多一樣；地球的重力加速度是1g，月球就只有1/6g，這是因爲月球的質量比地球小得多。**我們越是核心的信念，周圍所吸引、產生的磁場越強，那個磁場就是情緒**；正面信念越多，就發出越多正面情緒的能量，反之亦然。我們

每個人、乃至全世界所有人身上，都負荷了大量的負面情緒，所以定期釋放與宣泄是必要的。

如果要為負面情緒分門別類，大致可以分為以下幾種：

一、憤怒：憤怒是種很容易壓抑、累積的負面情緒，許多事情都會讓我們感到不滿。這種情緒需要定期的處理。

二、疲倦：我們常會感到很辛苦、很累、很委屈、很想休息，這通常不是因為從事太多體力勞動，而是由於心靈的疲勞之故；這可能來自父母之間的爭執、配偶和孩子之間的衝突、長期承擔的經濟壓力，或甚至只是覺得自己沒用。來自疲勞的負面情緒，是一種長期心理壓力，需要耐心去面對。

三、絕望：這常見於癌友中，是最需要立刻宣泄、即使硬擠也要擠出來的情緒。那種想死的念頭，如果沒有真正面對的話，癌症很難痊癒。類似的情緒其實一般人多少也有，但是對癌友或曾經罹癌的人來說，一定要誇張的、深沉的、徹底的面對自己的絕望。

有位母親帶著孩子來看門診，孩子才小學三年級，在大醫院被診斷爲精神分裂症，而且是頑固型的、幾乎永遠不會好的那種。這位小朋友不看人的眼睛，也不和人說話，將自己封閉在自己的世界裡面，只有嘴和鼻子有不自主的動作，會自言自語一些別人聽不懂的話，具有許多兒童精神病的典型症狀。

後來我對那位母親說，其實這位小朋友，內心有很多的委屈、難過和傷心，一直沒有表達出來。我講了很多這類的話，就看到小朋友眼眶紅了，淚水差一點滴下來。媽媽也順著我的話說，孩子上學期就不想去學校，是媽媽每天逼著她，小朋友才勉強自己去；半個學期之後，她終於發病了。當媽媽講到這段的時候，那位小女孩在旁邊就一直哭著。我就告訴那位母親，其實那時候她每天都不肯、不想去上學，是怕媽媽難過、失望，所以每天忍著在地獄般的痛苦，還是勉強自己去上學，忍了一個學期終於崩潰了；這時候，小孩在旁邊又開始掉眼淚。她很愛媽媽，而媽媽在婚姻中很不順利，一個女人

養三個孩子，爸爸永遠不在家過夜！

我告訴這位女士，孩子被診斷出精神病這件事，其實也是爲了拯救母親；因爲媽媽一直克制自己、磨練自己，過了一關又一關，其實是以打拚的精神，壓抑了很多情緒。如果不是小女孩先崩潰，媽媽可能會出車禍、突然得癌症，總之就是意外猝死。我說這位母親已經累積太多的負面能量，只是一直苦撐，所以她進診間的時候整個臉色都不對，一眼就看得出這是個苦命人。是透過小女孩的發病，媽媽才開始自我覺察、自我反省；她這才知道，原來病的不是女兒而是她自己！當她放下很多東西，不那麼執著要求自己一定要過關、一定要克服的時候，才能眞的放鬆下來。事實上，我在做這類治療時，都要求全家人一起轉變，只有這樣的改變，才能帶來眞正的進步。

失敗會導向終極的成功

人生中累積的不快樂，其實大多根源於過去生命中的經驗。這些失敗的人生經驗，可能包括：婚姻不美滿，其中一方出軌或以離婚收場；親人之間相處氣氛欠佳，像是婆媳或手足之間的問題；不順心的工作等等。所有這些讓人覺得不順利、不愉快的事情，都會在心中累積一種失敗感，沉重地壓在心頭上，讓人也許很多年都不會快樂，覺得那個失敗的感覺一直都在。

讓我們覺察一下這一點，探索自己失敗的感覺。這可能來自投資、婚姻、親子關係等部分的失敗，甚至是被人騙了錢，也有可能帶來長久的挫折感。但是我希望大家盡量去做到，今天晚上就讓它離開、讓它過去；讓我們去面對並釋放所有心靈的創傷、失敗的陰影。賽斯對此有個很有意思的比喻，他說這是**「心靈的瘀傷」**。就像皮膚被打到會瘀青一樣，心靈受創也會留下瘀傷；不同的是，身體上的瘀傷自然會好，心靈的瘀傷卻不一定。我們在人生中，或多或少都會累積心靈的瘀傷、創傷，我們必須好好找一天，全然地去面對，找出所有讓你覺得自己是失敗者的那些負面經驗，以及其中所包含沉重的失敗感，將它們全部都釋放掉。

之前我輔導一位男性的時候，他當場嚎啕大哭，說他的婚姻和事業都失敗了！可是當他這樣說的時候，其實周遭的人們都很訝異，因爲他看起來情況還不錯，只是他在主觀上如此認爲。心靈的創傷和瘀傷就是這樣，除了你自己沒有人會知道；只有你感受得到自身何處存在著挫折感。這沒有關係，只要願意承認，就是改善的第一步；當我們面對心靈受創的地方，宇宙的愛就開始療癒我們了。當你面對悲傷、失敗，就會發現自己其實沒那麼失敗，你的退後原來是向前，失敗可以是另一種成功！

我們常常只看到事情的一面，比如孩子被退學了、婚姻破碎了、生意垮了，我們把這些都當成是一面倒的壞事；於是每個人都覺得，自己一定在某個層面有失敗的地方。可是學了賽斯心法，你就會發現世上沒有失敗，人世間的所有失敗都可以是幻相，可以讓我們的心靈眞正成長，導致心靈的解脫與開悟！能體會這點的人，他的人生一定是成功的，因爲人世間的一切，其目的都要歸結於此；我們不是爲了事業成功、婚姻美滿來到世界上，而是爲了在人生的挑戰中，找到超脫世俗的喜悅。如果你在一生中經歷的一切失敗，最後能帶給你心靈上的覺察、喜悅和開悟，那麼這些失敗就都是成功的、值得的！

大家只要跟著這股熱誠、這股生命的動力，在這條路上一起努力、學習、成長，同時於內在帶著很深的情感連結，就是令人開心的事！我希望在未來，這個連結能夠擴展到全世界所有人身上，因為情感的力量是最強大的；到時候，生命的動力會出來，讓每個人都找到內在的力量。要做到這點，需要我們每個人在生活中慢慢去實現，因為只有在實踐中，才會感受到「衝動」的奧祕和美妙！

Chapter 11

如何跟隨衝動

從《蠟筆小新》看賽斯

其實我在上課的時候，不見得有什麼特定的主題，有時到上課前都還不知道自己要講些什麼；但是眞正站到講台上的時候，自然會有一股要講某種內容的衝動，然後我就放任自己去跟隨它。

賽斯基金會的花蓮分會原本是在花蓮市內，後來隨著賽斯村落成而轉移到那裡去。在一、兩年之後，我們有一次重回花蓮市上課，大家都很開心。有位學員，原本是在正義高中任教，後來到慈濟高中當老師；他說我們放賽斯書的書櫃裡面，應該也要放一些《蠟筆小新》，因爲裡面有許多信念非常的符合賽斯思想！他特別提出了《蠟筆小新》的三個特色：

一、小新永遠在狀況外。

二、結局永遠是圓滿的喜劇。

三、即使有壞人登場，他們也永遠不會成功害到人。

我覺得這三點，就和「結果先確定、方法自然來、輕鬆不費力」有異曲同工之妙。可能第一點會有人覺得不太理解，但是所謂「永遠在狀況外」，其實也就是說，只要你願意傾聽自己內心的聲音，不屈服於恐懼，就不需要太在乎別人的想法和主流價值的思想。那些覺得「別人說什麼，我一定要知道」，對這世上很多東西保持高度警戒的人，就沒辦法達到這種境界。當你一心一意地專注在自己想要努力的方向上，即使你有點不懂人心險惡、江湖風波，只要本著自己的初心，永遠在狀況外，其實事情往往能圓滿收場；即使碰到壞人，他們也會害人不成反害己。

某種層面上，我自己也很符合這三個原則。我在人生的道路上奮鬥時，真的常常都活在狀況外；我不知道別人怎麼做某件事，也不懂市場、行銷之類的概念。我不想硬是套用那些理論，因爲路是人走出來的，也是看人怎麼走的。別人在這條路上走得如何，是他家的事；我走下去會怎樣，是我家的事！別人賠本的地方，我不一定會賠！如果想走自己的路，最重要的是你有心走下去；縱使前面有百人沒成功，還是要相信自己會成功。

鳳凰山莊賽斯村招標的時候，很多人來拿標單，我們都很緊張。到最後只有兩家廠商留下來，就是我們和另外一家知名大公司。投標的時候，我們也很擔心，結果另一家廠商竟然遲到三分鐘，算是自動棄權，只剩我們獨家！所以其實很多時候，路是人走出來的，事在人爲，最重要的是聽從內心的聲音，跟隨自己的衝動。

當然，不是光跟著衝動走就好，很多時候還是要評估。在賽斯的哲學和思想中，常被強調的一點就是自我覺察；**你碰到任何事情和困難，其實解決之道都在自己心中**。這就是「方法自然來」的概念。所有人的內在都有神性與佛性，但是你必須去覺察，不是理論上空講；整套賽斯的哲學，其實是需要我們腳踏實地來實行及印證。

你碰到任何事情和困難，其實解決之道都在自己心中。

自助者神恆助之

人性來自神性，所以無庸置疑的，所有人的內在都有神性。有人會問：「要怎麼讓我的神性幫助我？」我曾對一位門診個案說，全宇宙最瞭解你的人，一位當然是你自己，但即使你不是很瞭解自己，也還有一位創造你的一切萬有，因爲一切萬有和你的內我相連。宇宙的確有專屬於你的神性與佛性存在，祂從來沒離開過你，分分秒秒、時時刻刻都在看著你、關心你、在乎你的每個感受；宇宙中有個針對你的部分，知道你所有的一切。這是非常重要的事情，因爲你應該知道，自己被宇宙的力量和無條件的愛所支持；而且在無條件的愛背後，還有更高的智慧、慈悲與能力。

這種說法就和許多基督徒說「主在你心中」——主在引導著你、指引著你、從來沒有拋棄過你——是一樣的意思。可是賽斯的思想更直接，帶你看到自身的神性與佛性。你的神性與佛性知道你人生中的一切困難，也知道你在生命中遭受的一切險阻，還知道

你在創造你自己的實相，祂全部知道！祂不但真的和你相連，還會透過你的靈感、直覺、第六感、童心、赤子之心和來自內心的衝動，而起實際的作用。祂透過這些連結，不斷地向你發電報、寫E-mail、傳簡訊，但是我們常因種種人類世界的哲學，而無法覺察自己的內心，忽略內在的聲音；我們可能像曾遭遇詐騙的人一樣，幾乎不信任自己、不信任人性，也不信任來自內心的聲音。所以，追隨內心衝動的第一關，就是試著信任自己。

只要你相信自己能做到，方法自然會來。好比賽斯基金會有許多學員想到海外擔任推廣賽斯思想的講師，但苦於無知名度，也沒有邀請。若是換個想法，可以先用旅遊的方式，當成自己是自費出去玩，十天、八天行程裡面，撥出一、兩天去海外分會作免費分享，這次分享得不錯，下次他們就會主動邀請了。不管做什麼事，剛開始還是需要自己付出，像我一開始到美加巡迴演講的時候，其實是自費出去，只因爲我自己想去推廣。那時候大家還不知道賽斯、不認識許醫師是誰，我先去兩、三年，讓大家聽聽我的演講；後來隔了一年沒去，他們就對這一套思想感到飢渴了啊！

賽斯心法絕對不會教你成果是自動從天上掉下來的，我們還是必須去付出、去努力。帶著愛心去推廣的人，不會一開始就端著身價擺架子。我們從最基層開始，讓大家都覺得這個思想推廣有好處，是值得的、划得來的，可以自助助人，他們才會願意來參加。所謂跟隨衝動，先決條件也是自己要願意付出，知道這是內在要走的方向，能夠朝這方面努力。

我自己在人生中，經常都是如此「努力地跟隨衝動」。很多事情，我都沒有太明確的計畫，只是向著自己覺得好玩的方向順勢而爲；像這樣順勢而爲又有確定的方向與目標，就是我常講的**「全力以赴，順其自然」**。即使途中遇到困難，我們的內我、專屬於內在的神性自己，都能瞭解、知道並感受得到；就連解決之道，也早放在你伸手可及之處。

當我說跟隨衝動，也是要大家用心傾聽自己的靈感、第六感、直覺、童心和赤子之

心。具備了這些面向，衝動並非一意孤行、要求你還不會走就先去飛；衝動甚至常常會要求你慢下來，告訴你事情並非一蹴可幾。我們在成立賽斯村之前，有先經過多年的努力，甚至在早年是自費出國去推廣；結果此事水到渠成、順利開展，紐約、洛杉磯、多倫多等全世界的學員也都回台熱情參與。

我們內在的神性與佛性，常常以很多異想天開的直覺、來自內在的衝動帶領我們；在理性還沒辦法解釋的時候，就帶著一股渴望和衝勁過來了。好比我們台東推廣中心的標案，我就有種「不拿白不拿」的衝動；至於到時候是台東當地的學員負責經營，還是有學員願意去開疆闢土都無所謂，因爲「結果先確定、方法自然來、輕鬆不費力」！很多事情不需要事先設想，內在自然會指引我們。

賽斯的思想，就是要讓大家開啓內在感官，與神性的自己相連。我常說，神不在教堂，佛也不在寺廟，因爲祂們都在人心之中。千年以來，人們尋求神、佛的智慧，希望獲得慈悲、加持、憐憫與指引，好在最迷失、徬徨的時候得到神佛的幫助；今天開始，讓我們發展內在的感官，直接和內在的神性與佛性連結。一旦連上了，內在的直覺、靈感、第六感和衝動都會越來越明顯；會感到內在的一股衝力——來自內我的訊息——在引導自己。

在《個人與群體事件的本質》中提到這樣的觀念：「來自你內心的衝動，是你內在的神性與佛性，經過最精密的計算、最透徹的調查，甚至結合了過去、未來的預知能力才給你的訊息。很多你現在看不出什麼道理的東西，也許過了十幾二十年你才能明白。」像我的家人都不知道，爲什麼當年我會接觸賽斯思想？其實那時候我也不明所以，只是因爲來自內心的衝動，讓我一直有股傻勁走下去。誰知道在二十多年以後，它竟然能夠幫助那麼多人，帶領人們找到心靈的依歸？

成功是理所當然

當然，衝動當中也有單純的一時衝動或憤怒下的衝動。眞正發自內心的衝動應該符

合兩個原則：第一、來自內在的愛；第二、表現爲利己利人。衝動不該傷害自己或他人，而且會讓你樂意跟隨。我們應該每天花點時間與自己相處，接收來自內在的訊息；你會感覺在茫茫人海、世界和未來的不確定性當中，找到了一抹導引的光。那道光是無條件的愛、智慧與勇氣，而且永遠在引導著你，讓你感到自己是受恩寵的。

我希望大家都開始試試這個方法，讓衝動引導你去做人生中的各種決定，並運用靈感與直覺。賽斯說這樣一來，「你會找回內在更大自己的地平線」。就像挖地瓜，剛開始只看到地上的地瓜籐，直到整個地瓜挖出來了，你才知道那個地瓜的形狀；所有人的人性背後，都藏有偉大的神性與佛性，能給你眞實的導引。

事實上，有太多這種例子發生在我身上，讓我覺得這是很理所當然的事。像我有次要去廣州推廣，高雄分會的主任就告訴我，她們分會的房東在廣州也有間房子，而且有意提供出來當廣州分會，讓我們推廣身心靈的觀念。那位房東還捐二十萬，一半用來助印《健康之道》，另一半則是贊助經濟有困難的人來學習賽斯思想。我覺得這種事情的發生，就證明了跟隨內心的衝動，會帶給你豐富的收穫。

最近幾年，中國大陸的憂鬱症患者越來越多，可是對憂鬱症一般人幾乎沒有任何瞭解。有出版社打算先出版《許醫師抗憂鬱處方》，裡頭有十二項自我檢視表，讓人們能比較具體地檢視並改善憂鬱症。這本書出版以後，我可能要開始在中國辦簽名會；結果就在這時候，剛好兩岸促成直航，讓我能直接飛到大陸各地去！這不就是因爲我的書要在大陸出版，爲了方便我來往各大城市，推廣身心靈觀念而來的嗎？（哈哈！這也是另一種自我感覺良好。）這就是「信念創造實相」！之前我簡體版的書好幾次快簽約了卻沒談成，就是因爲直航未成；等到鋪好路了，事情自然就會變得順利。這就是：「結果先確定，方法自然來，輕鬆不費力，但要有耐心！」

我的個性就是這樣，即使花上八年、十年都沒關係，只要自己一直朝那個方向前進就對了。像這樣懷抱著心願，你會發現很多事都變得很順利，就算暫時不順也是因爲有更好的在後面等你。賽斯家族的成員都很快樂，就是因爲我們這樣的信念：不管什麼事

情，正看反看都很棒，順著逆著都很好！人生的困難是我們的學分，人生的折磨會轉變爲我們的智慧。賽斯心法和所有宗派、宗教的不同就是，賽斯要你信任自己、肯定自己，而不是依賴其他存在！

有一位學員，是開印刷公司的董事長，曾說想捐休旅車給賽斯村。我們的態度一向都很自然，不會給任何人壓力，後來根本沒人再提這件事；結果呢？我們還是收到了車子。我眞的覺得宇宙自有安排，會根據那一瞬間的天時地利人和，給你最準確的訊息；來自你內心的衝動，早不來、晚不來，偏偏就在某個時候來了，是因爲那正是最完美的時間點！

你越信任自己，生命就越有活力、越能採取行動；那個行動會讓你打破僵局、突破困境。所謂行動，不全然是身體的行動，也可以是思想的轉念；甚至只是一個「放下」的念頭，讓你採取「停下來」的行動。有位求好心切的母親，有回突然有個衝動，放下了要求孩子這樣那樣的念頭，結果孩子反而變得更好了！因爲那是我們內在肯定生命的動力，來自集體潛意識，其本質是愛的互助合作；不是只有誰好，而是希望你好、我好、大家一起好！這是全人類共同的心願！

有時候，連我都會忽略，賽斯家族的凝聚力，其實是來自強烈的情感。我們的工作人員、志工和學員，眞的有一股很強的情感凝聚在一起，大家覺得只要跟著這股熱誠、這股生命的動力，在這條路上一起努力、學習、成長，同時於內在帶著很深的情感連結，就是令人開心的事！我希望在未來，這個連結能夠擴展到全世界所有人身上，因爲情感的力量是最強大的；到時候，生命的動力會出來，讓每個人都找到內在的力量。要做到這點，需要我們每個人在生活中慢慢去實現，因爲只有在實踐中，才會感受到「衝動」的奧祕和美妙！

現在就開始問自己：「當我對周遭的人很有情緒時，那個情緒是不是對著自己的？是不是我沒有原諒自己，所以一直在責備自己？」完成這個內心功課，再看周遭所有人事物，會發現一切變得清澈見底。當我們的心靈變得豐富，就不會那麼容易被周遭事件或人言傷到自己的心；畏懼和擔心都會消失，只剩下力量、信任與利益眾生。

Chapter 12

開啓內我的能量

靈魂的一百分鐘

我們都受到內我的能量——愛、智慧、慈悲、創造力與內在感官——引導；藉由建立信念、相信內我，我們的直覺、靈感、第六感、童心、赤子之心和來自內心的衝動，就會領我們走上正途。越是追求這樣的力量，就越會慢慢瞭解到，整個物質實相其實是由心靈所創造。能體會這點的人會得到很大的力量與自由，對自己的信心也會油然而生。

總有一天，我們都會離開肉體；即使之前累積了再多財產，在那一刻也毫無意義。所有物質性的存在，最後必定會消失不見。我常打個比方說，人生的一年，只是靈魂的一分鐘；即使在人間待了一百年，那對靈魂來說也才一百分鐘，看部電影就沒了。我們的一生，就像靈魂的一部電影；只是我們在擁有肉身的時候，常會被物質世界的事物所迷惑。我們不過是在一部一百分鐘的影片裡，扮演某人的配偶、父母或小孩，卻經常忘

記自己只是演員，不由自主的過度認眞起來。我希望大家能看清這點，回到內我的思考與生命的本質。

我們在地球上，接觸到這麼多的物質，像家具、房子、車子，都是爲了提升心靈的經驗、完成心靈的成長。靈魂需要對物質的體驗，就像學生需要桌椅和教科書一樣；一旦畢業了，自然就不再需要這些物質的東西。其實肉體也是一樣，是讓我們在其中學會什麼是愛與被愛、創造實相。只要你學會了，自然就可以丟掉肉體，往下個階段邁進。這就是「藉假修眞」，所有物質其實都是假的，只有你在其中的成長與學習是眞的。這就像《海角七號》裡面，阿嘉和友子的戀情，只是電影情節，不是發生在現實中的事情。但是他們呈現出動人的生命故事，拍出一部賣座的影片；男女主角不僅磨練了演技，還藉著這部片子名利雙收。我們也都是如此，藉由人生這場戲來提昇自己。

就像電影裡的場景只是三合板、機車也沒有牌照一樣，我們這一生所體驗到的物質，其實都只是道具，用來完成精神與心靈的學習成長而已。這並不是說道具不重要，但我們不該對道具有超出其本分的要求。剛剛說「藉假修眞」，假的是我們來世界這趟輪迴，還有我們自認「擁有」的物質；但其目的與作用是眞實的，因爲我們確實需要在人間的體驗，而這體驗需要物質來當教材。即使當我們離開的時候，別說是金子、房子、車子、妻子，甚至連自己的肉體都帶不走，只有意識會踏上旅程；但接觸這些東西所得到的學習與成長，不管到哪裡都會陪伴著我們。

物質是爲了服務心靈而存在，就像電影裡的大小道具，都是爲了服務劇情和演員而存在的一樣。這樣的觀念本身就是一種開悟，會讓你找到內在眞正的能量與平安。這種能量與平安並不在物質世界當中，就像演員在戲裡愛得死去活來，但那並不是他們眞正的愛情；事實上，眞正的愛也不是由別人給你的，是和能量與平安一樣，必須來自你的內心。如果你不覺得自己值得被愛、可愛、有價值，就永遠感受不到他人對你的愛；因爲你總會覺得他們愛的是別人，也因爲你心中沒有來自內在的那份愛。人眞正的價值，不該用物質來衡量，而是要看精神與靈魂在輪迴中，累積起來的成長、學習與智慧；就

像演員接不同類型的戲來磨練演技，讓自己的技巧越來越純熟一樣。

當我在做這些自我覺察時，常有很深的感觸。身心靈這個領域的很多學員，有時候常會流於理論，但是只有回歸到自己本身、情緒和人格的整合，這些探討才會變得紮實。我們常說：「在賽斯思想中，物質實相是虛幻的。」套用賽斯的一句話，**地球是一間教室，所有物質實相都是教具，也可以說是偽裝實相**。大家念中學的時候，應該記得自己班上有布告欄和課桌椅；現在你再回到那間教室，布告欄和課桌椅也許還在，也許換新了，但那已經不是你的教室了。地球也是人們靈魂的教室，有天你離開輪迴，再回來探訪地球，就和回去中學教室一樣。人們在地球上從生到死，就是在教室裡面學習的過程：地球上的一切物質，像牆壁、地板、天花板、車子、大樓、公路都是教具。物質的存在是爲了讓精神成長，所以很多人盲目追求物質，其實是倒因爲果。

就連金錢也是爲了心靈成長而存在，因爲錢能讓人得到精神愉悅、安全與富足的感覺。我們獲得所有的錢和物質，都是爲了精神上的開悟；但是人們常把這件事顛倒過來，用我們的心靈和精神去追求物質。這時我們就應該回歸初衷，問自己：「我爲什麼來到地球？我爲什麼要輪迴？」其實所有人都是在學習精神的成長、心靈的開悟與豐富，只是藉由物質的作用來達到這個目的。當我們的心靈能量越豐富，能創造的物質就越豐富，所以所有物質都是用來提升心靈的經驗。

●靈性的遺傳：母親與我

我常常分析自己和身邊的人。分析到母親的個性時，最明顯的就是她勇往直前，甚至可以不顧場合和對象。她不認識字，可是也能去銀行辦事；相對的，我父親反而比較膽小，連投幣式的自動販賣機都不敢用。我媽媽的口頭禪是「不要緊，我來」，我常在想，有這樣的媽媽其實滿開心的，因爲她是那種爲了孩子，可以什麼都不怕的那種人。不管對一件事會不會、懂不懂，她一定是先說她會、她懂。母親常對我說：「你做醫生、做老師，在外面都很行，回到家都不行。」我講的道理對她沒有用，因爲她最相信

的就是自己；即使事後證明她講錯了——還常常不願意認錯——也不改她對自己的這種信任、在每個當下對自己的肯定。

小時候我常聽母親說，她在大家族裡面被欺負；長大以後我發現，搞不好其實是她在欺負其他人。以她那種壓不下來的個性，嫁到客家人的大家族裡面，別說融入團體、與人爲善了，完全就是一副鶴立雞群的樣子，人家怎麼容得下她？我們家從雲林土庫搬到板橋，這可能是最主要的原因；但也因此讓我和手足們都在台北長大，而不是在老家種田。總之，我媽媽的個性就是這樣，非常有主見，但有時過於主觀。

我和大姊年紀差太多，從小較疏遠。她來台北工作的時候，才第一次坐我開的車。她一直以爲弟弟很乖、溫文儒雅又內向，沒想到我開車比計程車還要快狠準，對我的印象頓時就像玻璃碎了滿地。她後來說我和媽媽很像，本來我還不願意承認，但是事實擺在眼前，**如果我們的性格是一鍋湯，一定是以父母的性格作「湯底」**，不管這個湯底的味道好不好。像我爸爸是典型的A型性格，對什麼事都不會立刻反應，而是要深思熟慮一番；我媽媽常罵他奸詐，因爲心口不一對他來說是基本功，不像母親是表裡如一到甚至讓人受不了。

後來我發現，自己的確有拿媽媽的某些個性作我的湯底，就是那種勇往直前和衝勁。不管什麼事，只要沒有太離譜、不會害人、能利益眾生的，我都是先做再說，這點和我媽媽一模一樣。而且就像母親，我也有一種防衛機轉，對當下自己的決定很有信心，即使其他人說我不對，也會堅持己見。這些部分，其實都是從我媽媽那邊來的。性格本身沒有好壞，問題是我們如何發展自我覺察，將這些性格變成優點而不是缺點。

以我爲例，堅持自己的觀念是有主見，聽不到別人的意見就會變成很主觀。我們不該當太主觀的人，可還是要有自己的主見，如果每個人都能如此，那不是很棒嗎？我的母親很有主見卻又太主觀，這就是我要面對自己的地方。我的功課就是隨時檢視自己，有沒有太主觀、太一廂情願、太一意孤行聽不進很多想法；同時要留下性格中的優點，像是保持對自己的信心，以及勇往直前的衝勁。我常說母親前世可能是大將軍，拿了大

刀就衝的那種，這是我性格的一部分。父親則是比較優柔寡斷，但他也比較會在當下稍微反省一下，想得比較周延，沒那麼衝動。如果把這也加入我的性格當中，那就更好了。

這就是我的發現：我們和家人、朋友，一定首先是靈性上的關係，才發展出現世的關係。以前我也覺得自己和父母只有血緣關係，不可能連個性都一樣，我甚至開玩笑說，我們家的親子關係就是「歹竹出好筍」。後來我才知道，原來我們和這一生的父母、手足，都有靈性上的一種奧祕與線索；這樣一個靈性上的答案，可以幫助我們認識自己、覺察自己的個性。這種交集和共通性，不只侷限於血親，也包括我們的配偶。像一位太太覺得先生沒有原則、道德觀不夠、耳根子軟，去喝酒應酬可以喝到把朋友帶回家，唱卡拉ＯＫ鬧到天亮。可是先生這種性格，其實就是太太必須學習的部分，因爲她太嚴謹、像教官一樣，誰敢到她家拜訪？我們和親密伴侶的結合，絕不是因爲一時沖昏了頭，而是有因緣的。

我們和周遭的每個人，都有很深的心靈關連。我和雙親，並不是因爲這輩子我投胎當他們的兒子，才建立關係；是因爲我們有靈性上的相似處，有共同要面對和學習的地方，才會結爲親人。血緣關係是來自靈性關係；伴侶關係也有很深的心靈上關連性，只是可能太隱蔽而沒被發現。比如有位媽媽來掛我的門診，她的先生是躁鬱症患者，最近兒子在美國念書，好像也有躁鬱症的跡象。傳統觀點會覺得「這果然是遺傳」，可是我請她換個角度來看，她的婚姻讓她有了二、三十年與躁鬱症患者相處的經驗，這寶貴的經驗會讓她知道如何幫助兒子，讓他不用走上躁鬱症的道路，不是嗎？就是因爲這樣潛意識的心靈關係，我們才會和家人、伴侶、朋友相遇；在內心深處，在一切感情背後，都存在著這樣的共通性。

衝突來自自責

我看過一段對造型大師 Roger 的訪問，他說有一次舒淇半夜打電話給他，電話裡只

是一直哭，那是因爲舒淇剛拍完一部電影，情緒還留在角色裡出不來。我們在地球輪迴當中，也會像這樣入戲太深，忘記了我們和周遭的人，眞正共享的其實是靈性上的關係。靈性關係比較親、比較深、比較有交集的人，就會因爲這因緣變成親子、夫妻、朋友或仇人。人際關係必定先受心靈內在的牽引，所以去認識每個人——包括自己——的心靈非常重要。雙親和你的關係最近，所以讓我們從這裡開始自問：「我和父母在心靈上有什麼共通之處？有什麼樣的內在連結？」這是自我覺察的第一步，也是必要的一步。

爲什麼我們的家人、親人，總是最能影響我們情緒的人？這是由於我們面對的人越是親近，就越容易感到自責。前幾天媽媽來我這邊住，她一直想要多點時間和我相處，可是我寫稿之類的事情很多，甚至連她回板橋的時候，也沒有開車載她，她就自己坐計程車。後來我打電話給她，她只是很不高興地說：「你沒載我又沒早點打電話來，我都坐上車了你才打！」扣的一聲就掛斷了。那時候我很生氣，後來回想的時候，發現類似的事情也不是第一次發生，爲什麼有時候我會生氣、有時候卻不？其實是我感到自責的時候，才會生氣！當我們對其他人有情緒的時候，其實是對自己有情緒；越恨某人，同時也就越恨自己。當我們感到七情六欲起來的時候，不要急著爆發出來大吵一架，而是要去檢視自己沒有面對的情緒。時常這樣做就會發現，家人其實是我們最好的修行伴侶；我們最討厭的那個人，也是最愛、最捨不得的人。

有一位母親來掛門診，說她和女兒的關係很糟；女兒現在國中一年級，對她連髒話都罵得出來。她說女兒出生的時候，她才看了女兒一眼，就因爲女兒不是雙眼皮而不喜歡她；而且她剛結婚不久，便後悔想離婚，後來她常對女兒說，就是因爲女兒她才沒離婚。她這一生都不太抱女兒，到現在女兒進入了叛逆期，她才實際體驗到女兒當初受的傷。

我告訴她，「這就是你的靈魂到地球來必須受的挑戰。幸好在賽斯思想裡面，有一個字可以克服這些問題，那就是『愛』。在愛當中不怕傷害、沒有傷害，只要你全然地

肯定那分愛——對生命的愛、生命對你的愛，這一切都不要緊，都來得及。以前你對女兒扭曲的愛傷害了她，讓她痛苦，所以你現在更要告訴女兒：『媽媽當年的做法不對，可是媽媽愛你。』你的愛與關心，讓你希望女兒也能合乎自己的價值觀，你的做法不對，但**愛是對的，愛沒有錯**。」

●愛是一切的根源

愛永遠沒有錯，但我們在愛當中，也可能會變得愚蠢或傷害別人。有一位大陸新娘來台四年，因爲失眠來掛我的門診。聽了她的情況以後，我覺得她失眠是當然的事情。她嫁來台灣四年，沒有朋友也沒有工作，先生盯著她就像在監管犯人一樣；她沒有自己的生活圈，也幾乎沒有自己獨立外出過，過著完全附屬於另外一個人、被愛所控制的生活。這時候那個愛已經不純粹了，背後更多的是害怕失去，這樣的恐懼就導致控制欲。

我們來地球輪迴，就是爲了學習眞正的愛；一份帶著尊重、同理，能夠讓自己自由並信任他人的那份愛。不可否認，我們現在都是有肉體的人類，需要吃三餐，出門也要坐車。可是回到先前那個比喻，一百年也就只是靈魂的一百分鐘，我們不需要對所有的物質那麼執著；世俗一生中所有的經驗，只是爲了完成我們的心靈成長，包括金錢也是爲了愛與靈性的發展，**這是金錢真正的本質**。當我們用錢來讓自己的家人過得更好、讓生命更豐富，那就是愛；藉由物質的幫助，我們的心靈經驗更豐富，生命中的愛也得以完成，使我們可以展現出更多對自己、對家人的愛，也體現自身的存在價值。

有天我們離開地球，回頭看看這個美麗的星球，能帶走什麼？大到金碧輝煌的豪宅、小到僅僅一兩的金子、甚至從不離身的鑽戒都帶不走。所有這些物質和人，都是爲了幫助我們學習與靈魂成長，就像一座橋，協助心靈從此岸到彼岸；地球上的所有物質，都是爲了讓我們完成靈性上、心靈上的開悟而存在。總有一天我們都必須「過河拆橋」，這不是忘恩負義的現實主義，只是因爲帶著橋到岸上也沒用。我們過了河，精神與心靈已經成長，知道什麼是愛與被愛，懂得什麼是愛、慈悲、創造力和內在感官；我

們開悟了，就不再需要「肉身」這座橋了。

但要小心，不要沒過河就先拆橋。許多癌友們還沒完成心靈的學習與成長，還沒學會愛與被愛，肉體就受到癌症的威脅；他們可能將對別人過度的關心與保護當成愛，而疏於完成對自己、對生命的愛。我希望所有人都能明白，**自己這一生所有的物質和人際關係，最終都是為了完成靈性上的開悟**。我希望各位開始問自己：「我的父母是如何幫助我完成靈性的開悟？我的配偶應該教我什麼事？我的孩子會帶給我什麼開悟的禮物？」

那位被女兒辱罵的母親告訴我，她因爲這件事，激發出自己從未有過的包容與接納。她原本對孩子很偏心，連先生都覺得她只愛兒子不愛女兒，可是現在她卻覺得自己越來越愛女兒。這就是所謂「當下是威力之點」。去問你的孩子、你的伴侶，還有帶給你最深痛苦的那個人，是要幫助你完成什麼樣靈性上的開悟；因爲，所有這些人和物質，都是爲了幫助你完成靈性上的開悟，瞭解什麼是愛與被愛而存在。

使用內我的能量：成爲實習神明

找到這些靈性的特質，那將帶你進入一種全新的境界：你眞的明白自己在地球上的經驗，眞正走向開悟的道路了；你會慢慢瞭解眞正的價値、那永遠不會失去的東西，就是那份智慧與愛。很多人還試圖透過物質獲得安全感與價値感，但那只是幻相、道具，是我們學習的工具。找到自己內我的能量，就能成爲地球有史以來眞正的第一批實習神明；使用內我的能量，就能創造健康、富足、想過的生活、理想的實現，並達成人生的目標。

如果將心靈與精神比喻成本金，那麼物質就是紅利，是用來彰顯那由心靈與精神中顯現出來的東西。我們從來不曾受到物質或具體環境的限制；事實上，我們的意識沒有任何界限，因爲「我創造我自己的實相」。讓我們開始認識自身存在的眞正本質，那一份能量、精神與心靈。每個人的內在都有非常強大的能量，那是我們用來駕馭物質和命

自己這一生所有的物質和人際關係，最終都是為了完成靈性上的開悟。

運的能量，同時也讓自己和所有的家人相連。拿我自己來說，自從大姊說我很像媽媽以後，我也真的想明白了，我會有這段母子緣分的原因。只要能明白自己和周遭任何人的緣分，就能知道我們的靈魂爲什麼要來和他們在一起，於是就解脫了，不再被那份痛苦、牽絆、憤怒與擔心所左右。**這就是兩個充滿能量的靈魂相互學習的過程**。

對我們很重要的家人與朋友，都有著靈性上與所謂心理動力學上的意義。找到這個意義的人，就會比較快樂，整個人會豁然開朗。如果我們和親人之間有任何糾結、痛苦、誤會或不瞭解，就應該去找這些情緒背後的因子。就像我母親的某些個性，在潛意識中構成了我的個性基底。如果我對此沒有覺察，就會繼續和她有些情緒的愛恨糾葛；當我覺察了，立即會變成靈性上的成長和學習。

像這樣的自我覺察，是我們大家的功課。現在就開始問自己：「當我對周遭的人很有情緒時，那個情緒是不是對著自己的？是不是我沒有原諒自己，所以一直在責備自己？」完成這個內心功課，再看周遭所有人事物，會發現一切變得清澈見底。很多人常

對我傾訴，他們很在乎別人的想法，常覺得他人的說法傷到了自己的心。其實只要保持內心的清澈，這些東西都是可以解脫的；不管是轉移、反轉移，內在的情緒按鈕、沒有完成的功課，潛在的自卑、自我要求和自我否定，都可以在一念之間變成佛國淨土。當我們的心靈如此豐富，就不會那麼容易被周遭事件或人言傷到自己的心；畏懼和擔心都會消失，只剩下力量、信任與利益眾生。

所謂的賽斯家族，就是走在這條靈性與開悟道路上的所有人。讓我們一起過著快樂健康的生活，找回對自己的信心，創造更多的靈性和富足！

〈附錄〉開放的心

郭榮芳

（許醫師註：為了配合本書第六章主題〈化解經濟壓力〉，特別邀請了金融專家郭榮芳會計師撰文。郭會計師曾經任職於勤業眾信會計師事務所，一生都在金融領域當中鑽研，學有專精的程度令我覺得他應該入閣或是去經濟部，這樣台灣的經濟會比現在更好。我想請他從專業的角度，解讀金融界的問題，給大家一些理財方面的忠告；再以他學到的身心靈觀念，給大家一些不同的思考！）

二〇〇八年九月，華爾街第四大投資銀行雷曼兄弟控股公司一夕之間倒閉，震撼全球金融市場。我聽說有些人畢生積蓄好幾百萬甚至上千萬就此回不來，令人感觸頗深。這次美國發生百年難得一見的金融風暴，其實我也不完全清楚成因；但是我知道這十幾

年來，金融業的成長全靠衍生性商品的創新，而創新到最後就變成只是包裝。銀行把一件很簡單的東西，像包粽子一樣變得越來越複雜，看起來令人耳目一新，裡面還是原來的東西。所謂連動債之類的金融商品，大多都是這樣弄得相當複雜。

金融商品是一種投資的工具，包括證券、債券等等。基本上，風險越高報酬就越高，反之亦然。當大家投資的胃口越來越大、方式越來越多，就要創造消費的習性，所以需要包裝。譬如說我貸款買房子，就是把房子抵押給銀行來借錢，這是很簡單的借貸行爲；可是銀行把這筆債權變成一種債券，賣給另外一家銀行；買下債券的銀行又可以如法炮製，這類商品就這樣充斥於整個資本市場。它們包含了好幾重的風險：最初的貸款能還清嗎？貸款銀行的體質沒問題嗎？之後轉手的銀行呢？裡面有些機制在運作沒錯，但風險還是很大，許多商品就這樣連動著，牽扯在一起。所謂的連動債，就是將這些商品打包成一張債券，裡面有很多複雜的東西在連動，連天氣變化都會影響到利率；其中當然也有連動到雷曼兄弟的債券，收益被這家公司的股價所左右。

簡單的說，這十多年的金融成長，大多是這樣包裝出來的。就實質的層面上，這其實是一種泡沫，聚在一起越吹越大。像台灣的銀行，本來是企業金融、消費者金融並重；可是消費者擁有信用卡以後，個人借錢變得太方便，能讓銀行的業績非常好看、獲利非常高，結果各家銀行都在比誰的發卡量多。到了最後，很多人還不起卡債，產生的呆帳多到現在還沒處理完。這次美國的金融風暴，是以次級房貸爲導火線，點燃了美國國際集團（ＡＩＧ）、美林、雷曼兄弟這些公司；但眞正引起爆炸的，是十年來累積的泡沫。

剛剛講到連動債，其實這個制度到最後也變形了。雷曼兄弟引進台灣的時候，是透過銀行的銷售管道在賣；本來銀行只收一％到二％的手續費，後來因爲包裝得非常漂亮，很多人搞不清楚，銀行的胃口也大了，結果手續費曾高達一〇％！重利之下，很多銀行的銷售單位連這是什麼產品都不管，也不知道連動的內容是什麼，只看發行者都是百年老銀行，看好它穩如泰山不會倒，就拚命賣、拚命賣！

其實連動債到期的時候，大概都只能收回本錢，甚至連本錢都有風險。所以這次有很多投資人很生氣，問理專：「你當初不是跟我講說保本嗎？怎麼保到最後都沒了！」其實連理專也搞不懂這個東西，他只知道要賣，賣了可以抽佣；大家都覺得那是業界老字號出品，反正倒不了！就像包裝寫鴻海，誰管你裡面是什麼！在這種制度下，就產生了很多不正常的行爲。

看這次美國政府的動作，似乎是想要分別對待。ＡＩＧ是保險公司，牽涉的層面比較廣，需要保護一般大衆的權益；美林是所謂的商業銀行，客戶通常比一般大衆更有錢一點；雷曼兄弟是投資銀行，客戶就更富有了。所以美國政府要入股，第一個就挑ＡＩＧ，好保護沒那麼有錢的人；美林夠大牌，平常想買都買不到，也要趁這個百年難得一見的機會下手；對雷曼兄弟連理都不理，倒了就倒了，反正影響比較小。這一整套措施下來，可能對台灣也有影響，因爲也有些銀行會投資這方面的東西。

這次事件，雷曼直接發行的連動債是四百億，可是連動起來，光台灣就有接近千億被牽連進去，可以分成兩個部位：銀行和一般投資人。銀行會把錢投資在金融體系中，投資標的裡面有雷曼兄弟，結果就是變成呆帳；投資人也可以從銀行買來操作，現在大概也沒辦法贖回，而且很難求償。不過，這次事件對台灣的體系雖然有很大影響，但還不至於到崩潰的程度。美國可能沒辦法在短時間內回復，因爲泡沫已經消滅了；但是泡沫消滅以後，一定還會有替代的東西出來，只是需要一段時間來整合。像雷曼兄弟等於是垮了，但它的一些資產或部門會被買走。至於ＡＩＧ，南山是屬於ＡＩＧ的公司，現在ＡＩＧ要出售南山籌錢，並不代表南山本身有問題；眞正會對南山造成流動性風險的，是大眾的恐慌性贖回。

從某個角度來看，現在是泡沫崩潰的時候，一切都不穩定；不穩定會造成供需失衡，而供需失衡就是商機之所在。我常講：「供需永遠不平衡！」經濟學的第一課，就是劃兩條線教供需平衡，我念台大時，從大一進去就在學這個；可是搞了半天我才知道，這世上供需永遠不會平衡，所以才有商機存在。在這種泡沫消滅、供需不平衡的狀

態中，其實產生了很多的機會點；而且從好處想，泡沫消滅了反而是好事，不然泡沫再一直堆上去，也許災難會更大！當然，我覺得這次的泡沫已經累積夠久、造成的災難夠大了，需要很長的時間來回復。

但是，經濟不好的情況，也就是一種供需失衡；供需不平衡也是在重整的階段，在某些結構內進行。反過來說，從我們自己的角度出發，重點其實是在這重整中、供需不平衡的階段，有什麼商機？有什麼機會點？自己的核心能力可以擷取到什麼？其實衰退不見得是壞事！當然會受傷，可是要放手讓受到的傷害過去，因爲重要的是趕快去抓住商機。所以說基本上，我不覺得這次事件全是壞事，只是要打開自己的心，讓工作範圍、工作能力或所謂核心的競爭力，再比過去擴大一點。

我一直認爲，所有人還是應該專注在本業上；我剛剛只是希望大家將這個「本業」擴大一點，不要一直堅守在那裡。在這不平衡的時候，我們應該認眞地想、用心觀察，因爲現在眞的有很多機會！坦白說，我也不是很清楚要怎麼掌握這些機會；但是只要我們一直擴大下去，危機就是轉機，供需不平衡就是商機所在。從以前到現在，供需從來沒有平衡過，特別是這段時間，供需不平衡非常嚴重，相對的商機也很大。這是我們經常疏忽的觀念，所以要特別告訴大家：在邂逅的過程中，大家眞的有很多機會；最重要的是讓心保持開放！

愛的推廣辦法

看完這本書，是否激盪出您內心世界的漣漪？

如果您喜歡我們的出版品，願意贊助給更多朋友們閱讀，下列方式建議給您：

1. 訂購出版品：如果您願意訂購一千本（印刷的最低印量）以上，我們將很樂意以商品「愛的推廣價」（原售價之65折）回饋給您。

2. 贊助行銷推廣費用：如果您認同賽斯文化的理念，願意贊助行銷推廣費用支持我們經營事業，金額達萬元以上者，我們將在下一本新書另闢專頁，標上您的大名以示感謝（每達一萬元以一名稱為限）。

請連絡賽斯文化或財團法人新時代賽斯教育基金會各地分處，我們將盡快為您處理。

●愛的連絡處

如果您認同本書的觀念及內容，想要接受我們的協助；如果您十分認同本書的理念，想依循本書的觀念成為一位助人者的角色；如果您樂見本書理念的推廣，而願意提供精神及實質的協助：請與財團法人新時代賽斯教育基金會各地分處連繫：

●總管理處　電話：02-89789260
E-mail: ho.ad@seth.org.tw
新北市新店區中央五街四十六號二樓

●新店辦事處　電話：02-22197211
E-mail: xindian@seth.org.tw
新北市新店區中央五街四十六號一樓

●台中教育中心　電話：04-22364612　傳真：04-22366503
E-mail: edu10731@seth.org.tw
台中市北區崇德路一段六三一號A棟十樓之一

●台北辦事處　電話：02-25420855
E-mail: taipei@seth.org.tw
台北市中山區長安東路二段四十九號六樓

●新北辦事處　電話：02-26791780
E-mail: xinpei@seth.org.tw
新北市樹林區柑園里學成路四九五號

●新竹辦事處　電話：03-659-0339
E-mail: hsinchu@seth.org.tw
新竹縣竹北市光明六路東二段二一八號

●嘉義辦事處　電話：05-2754886
E-mail: Chiayi@seth.org.tw
嘉義市吳鳳北路三八一號四樓

●台南辦事處　電話：06-2134563
E-mail: tainan@seth.org.tw
台南市中西區開山路二四五號十樓

●高雄辦事處　電話：07-5509312　傳真：07-5509313
E-mail: kaohsiung@seth.org.tw
高雄市左營區明華一路二二一號四樓

●屏東辦事處　電話：08-7212028　傳真：08-7214703
E-mail: pintong@seth.org.tw
屏東市廣東路一二〇巷二號

●賽斯村　電話：03-8764797　傳真：03-8764317
E-mail: sethvillage@seth.org.tw
花蓮縣鳳林鎮鳳凰路三〇〇號

●賽斯TV　電話：02-28559060
E-mail: sethtv@seth.org.tw
新北市新店區北新路一段二九三號七樓之三

●香港聯絡處　電話：009-852-2398-9810
E-mail: info@seth.hk
香港九龍旺角花園街一二一號利興大樓5字樓D室

●深圳市麥田心靈文化產業有限公司　許添盛微信訂閱號：SETH-CN　微信：chinaseth　電話：86-15712153855

●新加坡　新加坡賽斯基金會籌備處　電話：869-957-652　E-mail: andelynoh@gmail.com

●馬來西亞　賽斯學苑　電話：012-250-7384　E-mail: sethlgm@gmail.com

●澳洲　澳洲賽斯身心靈協會　電話：006-432192377　E-mail: ausethassociation@gmail.com

●台灣身心靈全人健康醫學學會　電話：02-22193379　傳真：02-22197106
E-mail: tshm2075@gmail.com
新北市新店區中央七街二六號四樓

賽斯文化 特約點

台北	佛化人生	台北市羅斯福路3段325號6樓之4	02-23632489
	政大書城台大店	台北市羅斯福路三段301號B1	02-33653118
	水準書局	台北市浦城街1號	02-23645726
中壢	墊腳石中壢店	桃園縣中壢市中正路89號	03-4228851
台中	唯讀書局	台中市北區館前路5號	04-23282380
斗六	新世紀書局	雲林縣斗六市慶生路91號	05-5326207
嘉義	鴻圖書店	嘉義市中山路370號	05-2232080
台南	金典書局	台南市前鋒路143號	06-2742711 ext13
高雄	明儀圖書	高雄市三民區明福街2號	07-3435387
	鳳山大書城	高雄縣鳳山市中山路138號B1	07-7432143
	青年書局	高雄市青年一路141號	07-3324910

依爾達 特約點

台北	SMOR GAFE	台北市中山區吉林路299巷6號1樓	02-2586-0080
	食在自在Spaco Café	台北市大安區羅斯福路二段101巷10號	02-2363-2178
桃園	大湳鴻安藥局	桃園縣八德市介壽路二段368號	03-3669908
	彭春櫻讀書會	桃園縣楊梅市金山街131號7樓	0919-191494
新竹	新竹曼君的店	新竹市東南街96巷46號	035-255003
台中	賽斯興大讀書會	台中市永南街81號	0932-966251
彰化	欣蓮欣香香鍋	彰化縣大村鄉福興村學府路32號	0912-541881
高雄	天然園	高雄市林園區林園北路264號	07-6450406
花蓮	海蒂斯民宿	花蓮縣吉安鄉東海15街80巷19弄40號	0981-855-566
美國	北加州賽斯人	sethbayareagroup@gmail.com	
馬來西亞	賽斯學苑	sethlgm@gmail.com	009-60122507384
	沙登賽斯推廣中心	pc.choo8@yahoo.com	009-0122292686
	檳城賽斯推廣中心	SethPenang@gmail.com	009-60194722938

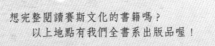

賽斯文化有聲書
線上平台全新上線

許添盛醫師講解賽斯書，唯一最齊全、最詳盡的線上平台
隨選即聽，提供更自由便利的聆聽管道
每月329元，無限暢聽賽斯文化上百輯有聲書
下載離線播放，網路無國界，學習不間斷

為服務愛好收聽賽斯文化有聲書的群眾，我們特別規劃了「賽斯文化有聲書線上平台」，只要以手機下載「Dr. Hsu Online」APP，即可隨時隨地收聽包括許添盛、王怡仁及陳嘉珍等身心靈老師的精彩課程內容，提供您24小時隨選即聽，無國界、不間斷的賽斯心法學習體驗。

➡第一階段先開放給使用Android系統手機的朋友，請前往Google Play下載「Dr. Hsu Online」APP；IOS系統將於第二階段開放，敬請期待！

➡正式上線時間以賽斯文化粉絲專頁公告為準，敬請密切注意粉絲專頁最新動態。

「賽斯文化有聲書線上平台」網站
www.sethpublishing.com

「Dr. Hsu Online」APP
（請以Android系統手機掃瞄）

賽斯文化
粉絲專頁

百萬CD
千萬愛心

請加入賽斯文化　百萬CD推廣行列

自2006年10月啟動「百萬CD，千萬愛心」專案至今，CD發行數量已近百萬片。這一系列百萬CD，由許添盛醫師主講，旨在推廣「賽斯身心靈整體健康觀」，所造成的影響極其深遠。來自香港、馬來西亞、美國、加拿大、台灣等地的贊助者，協助印製「百萬CD」，熱情參與的程度，如同蝴蝶效應一般，將賽斯心法送到全世界各個不同角落——隨著百萬CD傳遞出去的愛心與支持力量，豈止千萬？賽斯文化於2008年1月起，加入印製「百萬CD」的行列。若您願意支持賽斯文化印製CD，請加入我們的贊助推廣計畫！

百萬CD目錄

（共九輯，更多許醫師精彩演說將陸續發行）

1. 創造健康喜悅的身心靈
2. 化解生命的無力感
3. 身心失調的心靈妙方（台語版）
4. 情緒的真面目
5. 人生大戲，出入自在
6. 啟動男人的心靈成長
7. 許你一個心安
8. 老年也是黃金歲月
9. 用心醫病

贊助辦法

在廠商的支持下，百萬CD以優於市場的價格來製作，每片製作成本10元，單次發印量為1000片，若您贊助1000片，可選擇將大名印在CD圓標上；不足1000片者，可自由捐款贊助。

您的贊助金額，請劃撥以下帳戶，並註明「贊助百萬CD」。
賽斯文化將為您開立發票，並請於劃撥後來電確認。
郵局劃撥：50044421 賽斯文化事業有限公司　　聯絡方式：02-22196629分機18

心靈的殿堂　賽斯學院
需要您慷慨解囊　一起播下愛的種子

賽斯鼓勵每一個人都應該去建立內在的「心靈城市」...

賽斯村就是賽斯家族內在的「心靈城市」，就是心中的桃花源，就是我們心靈的故鄉。

在這裡沒有批判，沒有競爭，沒有比較，充滿智慧，每個生病的人來到這裡就能得以療癒，每個失去快樂的人來到這裡就能重獲喜悅，每個生命困頓的人來到這裡就能找到內在的力量，重新創造健康、富足、喜悅、平安的生命品質。

「賽斯村-賽斯學院」由蔡百祐先生捐贈，從心中藍圖到落實為一磚一瓦的具體建築，民國103年第一期工程「魯柏館」及「約瑟館」終於竣工；在這段篳路藍縷的興建過程中，非常感謝長久以來各方的贊助與支持，「賽斯學院的建設計畫」才能順利進行。

第二期工程「賽斯大講堂」即將動工，預估工程款約三仟萬，期盼您的持續贊助與支持~~竭誠感謝您的捐款，將能幫助更多身心困頓的人找回生命的力量！

服務項目

◎住宿 ◎露營 ◎簡餐 ◎下午茶 ◎身心靈整體健康觀講座 ◎身心靈成長工作坊
◎賽斯資料課程及讀書會 ◎個別心靈對話 ◎全球視訊課程連線
◎企業團體教育訓練 ◎社會服務

捐款方式

一、匯款帳號：006-03-500435-0　　銀行：國泰世華銀行 台中分行
　　戶名：財團法人新時代賽斯教育基金會

二、凡捐款三仟元以上，即贈送「賽斯家族會員卡」一張，以茲感謝。
（持賽斯家族卡至賽斯村住宿及在基金會各分處購買書籍書、ＣＤ皆享有優惠）

地址：花蓮縣鳳林鎮鳳凰路300號　　電話：(03)8764-797
http：// www.seth.org.tw/sethvillage　　Mail：sethvillage@seth.org.tw

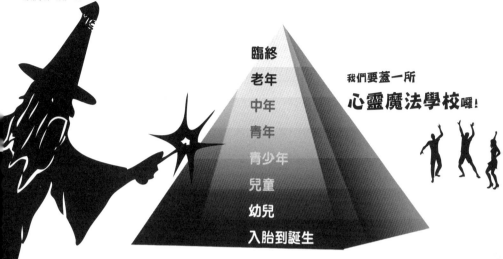

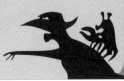

心情。筆記
Note

心情。
Note
筆記

心情。筆記

Note

心情。筆記

Note

國家圖書館出版品預行編目(CIP)資料

歸零, 重新開始／許添盛口述；鍏胡睿執筆.
--初版. --新北市：賽斯文化, 2013. 01
面；　　公分. --（許醫師作品；21）
ISBN 978-986-6436-40-6（平裝）

1. 靈修　2. 心身醫學

192.1　　101026657

每天的生活，都是靈魂的精心創造

You create your own reality.

每天的生活，都是靈魂的精心創造

You create your own reality.